Julius Knoevenagel

Redezeichenkunst und deutsche Kurzschrift

Julius Knoevenagel

Redezeichenkunst und deutsche Kurzschrift

ISBN/EAN: 9783743365865

Hergestellt in Europa, USA, Kanada, Australien, Japan

Cover: Foto ©ninafisch / pixelio.de

Manufactured and distributed by brebook publishing software (www.brebook.com)

Julius Knoevenagel

Redezeichenkunst und deutsche Kurzschrift

Redezeichenkunst

und

Deutsche Kurzschrift.

Eine Parallele

zwischen den Stenographien von F. X. Gabelsberger
und Wilhelm Stolze.

Von

Julius Knoevenagel, Dr. phil.

Mit 16 autographirten Tafeln.

Zweite vermehrte und verbesserte Auflage.

Hannover.

Verlag von Th. Schäfer.

1864.

Druck von Th. Schäfer in Linden vor Hannover.

Vorwort zur ersten Auflage.

In neuerer Zeit ist die Frage, ob die Stenographie als Unterrichtsgegenstand für die Schule sich eigne und nach welchem System sie in diesem Falle zu lehren sei, mehrfach behandelt worden. Ich erinnere nur an die darüber im preußischen Abgeordnetenhause gepflogenen Verhandlungen und an die in Folge derselben von den Directoren der höheren Schulanstalten eingeholten Gutachten (theilweise veröffentlicht in dem „Centralblatt für die gesammte Unterrichtsverwaltung in Preußen," dem amtlichen Organe des Unterrichtsministers, 1863, Nro. 5, Mai), dann aber auch an die beiden für das große Publicum bestimmten Parteischriften: „Die Stenographie als Unterrichtsgegenstand, von Hugo Häpe; Dresden 1863," und „Die Stenographie in den Schulen, von Dr. Carl Eggers; Berlin 1863." Die letzteren beiden Schriften, welche die Sachlage geradezu auf den Kopf stellen, haben die nachfolgenden Blätter hervorgerufen.

Es würde die Geduld des Lesers zu sehr in Anspruch genommen haben und der Gewinn doch nur ein geringer gewesen sein, wenn ich es versucht hätte, die in den genannten beiden Werken verwirrten Fäden wieder auseinander zu zerren und klar zu legen. Um aber die in ihnen dem Publicum aufgedrängte Ansicht auf die richtige Form und den wirklichen Inhalt zurückzuführen, zog ich es vor, einen Weg einzuschlagen, der Jeden in den Stand setzt, ein Urtheil über den pädagogischen Werth der Stenographie im Allgemeinen, und der beiden in Deutschland um den Vorrang streitenden Systeme im Besondern, sich selbst zu bilden.

Auf eine schrittweise Widerlegung jener Parteischriften lasse ich mich um so weniger ein, als eine solche wenigstens der einen von ihnen, schon in völlig ausreichendem Maße vom Gymnasiallehrer A. G. Lundehn in Stolp zu Theil geworden ist in der durchaus wissenschaftlich gehaltenen Broschüre: Herr Regierungsrath Häpe und die Stolze'sche Stenographie.

Die deutsche Stenographie ist durch Gabelsberger in eine neue Bahn, und durch Stolze zu einer solchen Vollkommenheit geführt worden, daß die Stenographien fremder Nationen mit ihr nicht mehr in die Schranken treten können. Der Deutsche besitzt auch hier ein Gut, welches er erkennen und schätzen lernen muß, wenn er nicht erleben will, daß es ihm von den praktischeren Ausländern entrissen und als sein eigenstes Besitzthum nachher streitig gemacht werde.

Die ewigen Zänkereien: ob Gabelsberger, ob Stolze? müssen endlich aufhören; sie werden aber nur dann ein Ende nehmen, wenn Jeder, der eines selbständigen Urtheils fähig ist, sich bemüht, beide Systeme kennen zu lernen. Die nachfolgenden Blätter sollen, ohne ein Lehrbuch sein zu wollen, zu dieser Kenntniß die erste Grundlage geben, den ersten Überblick gewähren. Freilich kann ein solcher Überblick, ein solches erstes Urtheil auch schon aus einer oberflächlichen Vergleichung von Lehrbüchern beider Systeme erlangt werden, sofern dieselben ihre Sache mit gleicher Ausführlichkeit behandeln, z. B. aus einer Vergleichung von Rätzsch' Lehrbuch der deutschen Stenographie nach Gabelsberger mit Stolze's ausführlichem Lehrgang der deutschen Stenographie. Ich biete den Lesern indessen ein eingehenderes Urtheil. Nach Durchstudirung der folgenden Blätter wird es nur noch einer kurzen Übung unter Benutzung eines ausführlichen Lehrbuches bedürfen, um sich die Stenographie nach dem einen oder andern Systeme zu eigen zu machen.

Wenn ich für meinen Endzweck — die Erlangung eines vergleichenden Urtheils — die Gabelsberger'sche Schrift voranstellen mußte, so wird doch derjenige, welcher sich beide Systeme ohne Umwege aneignen will, wohl thun, mit dem Stolze'schen den Anfang zu machen;

denn es ist klar, daß die Kenntniß eines folgerichtigen Systems die Erlernung eines blos empirischen erleichtert, während im umgekehrten Falle die Gewöhnung an Willkürlichkeiten und Inconsequenzen erst wieder abgethan werden muß, damit man einen streng logischen und consequenten Gang verfolgen könne. Wie ein ungezogenes und verwöhntes Kind sich sehr schwer wieder an strenge Zucht und Sitte gewöhnt, so möchte auch dieser letzte Weg mit großen Schwierigkeiten verbunden sein.

Es werden am besten zunächst die acht ersten Briefe im Zusammenhange studirt, wobei die Beispiele auf den beigegebenen Tafeln nachgeschrieben oder ihre Züge wenigstens mit dem Stift verfolgt werden. Dann würden Brief 9 bis incl. 13 in gleicher Weise zu behandeln sein. Nachdem solchergestalt die erste Frembartigkeit der stenographischen Schriften einigermaßen überwunden ist, wird eine kritische Vergleichung beider Systeme vorgenommen werden können, und zwar würden Brief 3 und 4 zugleich mit Brief 9, 5 mit 10, 6 mit 11, 8 mit 12, und endlich 7 mit 13 zu studiren und dabei eine eingehende Vergleichung der dazu gehörigen Beispiele auf den Tafeln vorzunehmen sein. Nun erst wird zweckmäßig Brief 14 folgen können, unter genauer Vergleichung und Nachschreibung der Beispiele, nebst Zählung der angewandten Schriftzüge und Beobachtung ihrer Schreibflüchtigkeit. Gewiß wird dann dem Inhalte des 15. Briefes die Beistimmung nicht mehr versagt werden können.

Ich wünsche übrigens nur die Beistimmung aller vorurtheilsfreien, selbstdenkenden und prüfenden Köpfe. Die große Zahl derjenigen, welche, eigene Geistesarbeit scheuend, demjenigen Recht geben, welcher zuletzt gesprochen hat — die große Zahl derjenigen vielleicht, welche die nachstehenden Blätter mit Vorurtheil in die Hand nehmen, zu überzeugen oder für meine Ansicht zu gewinnen, beabsichtige ich nicht. Ich habe nur für Solche geschrieben, deren Urtheil in dieser Sache einen Werth hat — für wissenschaftlich gebildete Männer, und namentlich für die Lehrer und Erzieher der Jugend. Denn die Jugend ist der Boden, welchem die Stenographie vor Allem zu übergeben ist, aus welchem sie aber auch als mächtiger Baum mit herrlichen Blüthen und weithin Segen spendenden Früchten gar bald aufgehen wird.

Du aber, deutsche Jugend! warte nicht ab, bis Dir die deutsche Kurzschrift in die Hand gedrückt wird, sondern greife selbständig zu! Auch Dir, und namentlich Dir hat Stolze sein uneigennütziges Geschenk gemacht!

Linden vor Hannover, März 1864.

Vorwort zur zweiten Auflage.

Die überaus günstige Beurtheilung, welche meine vorliegende Arbeit in der Presse gefunden hat; der Umstand, daß die erste Auflage schon vergriffen war, ehe eine eigentliche Recension darüber in die Öffentlichkeit kam; das Lob, welches nicht nur Anhänger der Stolze'schen Schule, sondern auch theilweise sogar die der bekämpften Gabelsberger'schen Schule, meiner Schrift gespendet haben, ist mir Bürge dafür, daß mein Bestreben, durch eine sachliche Vergleichung zur Aufklärung über beide Systeme beizutragen, nicht mißlungen ist.

Wem es scheinen möchte, als ob die Flammen der Begeisterung für die gediegene Sache Stolze's zu starke Schlagschatten auf seine Vorgänger geworfen hätten, der wolle doch bedenken, daß diese Begeisterung wesentlich erst angefacht ist durch die Angriffe, welchen Stolze und seine Erfindung seit zwanzig Jahren ausgesetzt sind, durch Angriffe, die gerade in neuester Zeit um so heftiger geworden sind, als man gegnerischerseits vor dem Lichte der wahren Wissenschaftlichkeit ein allmähliches Wanken der so sicher geträumten Stellung fühlen mag. Diesen Angriffen gegenüber ist die geführte Sprache eine überaus milde, und mußte es sein, da ich die geschichtliche Bedeutsamkeit Gabelsberger's und seine speciellen Verdienste vollkommen zu würdigen weiß.

Außer wenigen Zusätzen und unbedeutenden Änderungen hielt ich für diese zweite Auflage die Hinzufügung eines neuen Capitels nöthig, welches, ohne erschöpfend sein zu wollen, den Herren Pädagogen als Anregung zum weiteren Nachdenken über den Nutzen des stenographischen Unterrichts dienen soll.

Der wesentlichste Unterschied dieser neuen von der vorhergehenden Auflage ist die Herstellung neuer Tafeln, welche mühevolle Arbeit gewiß von Denjenigen gewürdigt wird, welchen die manchfachen Schwierigkeiten der Autographie bekannt sind.

So mögen denn diese Blätter der guten Sache recht viele neue Freunde zuführen und namentlich die Herren an maßgebender Stelle überzeugen, daß die Meinung „die Sache sei noch nicht reif, man müsse erst abwarten, für welches System das Publicum sich entscheiden werde" ihnen mit Recht den Vorwurf der Indolenz einträgt, — sie selbst sind es, welche die Entscheidung herbeiführen müssen, nicht das Publicum.

Linden vor Hannover, Ende Juni 1864.

Der Verfasser.

Erster Brief.

Beruf der Pädagogen in Sachen der Stenographie.

Endlich! endlich! So rief ich aus, hochverehrter Herr Director! als ich Ihren lieben Brief erhielt, in welchem Sie nach der Zweckmäßigkeit der Stenographie als eines Unterrichtsgegenstandes sich erkundigen. Endlich! nach fast einem Vierteljahrhundert seit Veröffentlichung des Stolze'schen Systems, nachdem erst noch kürzlich die Directoren der höheren Lehranstalten in Preußen nicht nur so kühn gewesen sind, in einer Sache, die ihnen nur von außen bekannt ist, sich für Sachverständige zu halten, sondern auch geglaubt haben, diese terra incognita als ein dornenvolles, dürres, unfruchtbares Land bezeichnen zu dürfen*) — da endlich habe ich die Freude, daß ein deutscher Pädagoge das Bedürfniß fühlt, sich zu seinem eigenen und zum Frommen seiner Schüler über Stenographie zu belehren.

Es ist zu bedauern, daß Euch deutschen Schulmännern, die Ihr Euch so gerne mit der deutschen Wissenschaftlichkeit und Gründlichkeit brüstet, ein Vierteljahrhundert hindurch eine nicht nur für das Erziehungswesen wichtige, sondern auch für die culturgeschichtliche Entwickelung der deutschen Nation bedeutungsvolle Sache entgehen konnte! Nein, nicht „entgehen konnte," daß Ihr sie nicht sehen *wolltet*!

Ihr meint: „wir müssen schon genug in unserm eintönig knarrenden Karren ziehen, wir sind froh, wenn wir nach unsern dreißig wöchentlichen Lectionen unser müdes Haupt ruhen können." Gerade deshalb, weil Euer Karren unmelodisch über holprige Wege knarrt, solltet Ihr einmal versuchen, ihn in ein anderes Gleis zu bringen, die Achsen zu schmieren, um schneller vorwärts zu kommen. Eine solche Achsenschmiere hätte Euch schon lange die Stenographie sein können. Wie lustig wäre es dann vorwärts gegangen!

Oder Ihr ruft erschreckt aus: „sollen wir noch einen neuen Lehrgegenstand einführen? wir haben deren schon mehr als genug!" Eben

---

*) Centralblatt für die gesammte Unterrichts-Verwaltung in Preußen, Mai-Heft 1863, S. 265—282.

weil Ihr schon so viele Lehrgegenstände habt und deren noch mehr in Aussicht stehen, müßt Ihr Euch bei Zeiten nach einem Mittel umsehen, welches Euch und Eure Schüler in den Stand setzt, in derselben Zeit noch mehr Material zu verarbeiten.

„Aber" sagt Ihr „wenn unsere Schüler stenographiren können, dann können wir sie nicht mehr controliren." Ei, warum nicht gar! Ihr sollt nicht den Weg nur zeigen, wie der Wegweiser, Ihr sollt ihn selbst gehen.

„Aber wir sind zu alt!" Zu alt ist Niemand, wenn es gilt etwas zu lernen; es geht vielleicht etwas langsamer als in der Jugend, aber es wird schon gehen; versucht's nur!

„Handwerksmäßiges Abrichten zu irgend einer Kunstfertigkeit steht unter der Würde des Gymnasiums" so glaubt Einer von der Stenographie sagen zu dürfen. Nur gemach, verehrter Freund! Du urtheilst sehr vorschnell über eine Sache, die Du nicht kennst! Glaube mir, wenn es nur um eine Kunstfertigkeit sich handelte, darum würden nicht so viele Worte verloren werden. Aber ich kann Dir Dein Urtheil nicht übel nehmen, denn Du gestehst ja hinterher, daß Du unter Gabelsberger's eigener Leitung die Stenographie erlernt hast, und daß Du in der Gabelsberger'schen Redezeichenkunst weiter nichts erblickst, als eine Kunstfertigkeit, die noch dazu, wie Du trefflich sagst und richtig erkannt hast, „die Zerstreutheit des Geistes fördert und die Unklarheit wesentlich nährt", — darin muß ich Dir vollkommen Recht geben. Du mußt aber das Kind nicht mit dem Bade ausschütten: weil an der Isar saure Trauben wachsen, sind nicht alle Trauben, die wachsen, sauer!

Da komme ich unwillkürlich auf den unseligen Zwiespalt, der über Deutschland auch in Sachen der Stenographie hereinzubrechen droht. Noch existirt er nicht, denn die Handvoll Stenographen, die es jetzt giebt, ist Null gegen die angestrebte Ausbreitung der Stenographie.

Es wäre eine Schande, wenn wir Deutschen uns auch in diesem Punkte nicht einigen könnten, in einem Punkte, in welchem so leicht das Wahre vom Falschen zu unterscheiden ist! Soll darum, weil einige blinde Vertheidiger einer veralteten Kunstfertigkeit ihr Interesse dabei finden, eigensinnig dem Besseren sich zu verschließen, die neue auf Wissenschaft gegründete Erfindung Stolze's in den Schatten gestellt werden? Das wäre eine Schmach für deutsche Wissenschaft und Gründlichkeit!

Ja, es ist schon eine Schmach für unsere deutsche Gelehrtenwelt, daß der süddeutsche, auf halbem Wege stehen gebliebene Versuch, vertreten durch einige Halbwisser, es nur wagen darf, dem wissenschaftlichen System Stolze's gegenüberzutreten. Hört, Ihr Gelehrten! es handelt sich um mehr als eine Kunstfertigkeit, es handelt sich um eine Kunst, einen Organismus, ein System, eine Wissenschaft. Wenn der Endzweck dieser Wissenschaft auch nur der ist, die Dienerin ihrer höher geachteten Colleginnen zu sein, so hat sie darum nicht minder Anspruch auf Eure Beachtung; sie wünscht von Euch hochgehalten, gesichtet und dem Leben nutzbar gemacht zu werden. Ihr Erzieher einer Jugend, welche mehr leisten soll als wir Alten, an Euch ist es, dieser Jugend dieses neue von der Wissenschaft approbirte Werkzeug in die Hand zu geben, aber vor allen Dingen es zuerst selbst in die Hand zu nehmen. Ihr dürft mir nicht einwenden, Ihr hättet keine Zeit dazu: es ist Euer Beruf und Ihr müßt dafür Zeit haben. Oder meint Ihr, Lastträger und Schifferknechte sollen sich mit der Einführung und Nutzbarmachung eines neuen Unterrichtsgegenstandes beschäftigen?

Daß Sie, hochverehrter Herr Directrr! von der Wichtigkeit des Berufes, welcher Ihnen als Leiter einer Schulanstalt geworden ist, durchdrungen sind, daß Sie der Verantwortung, welche Ihr Beruf Ihnen auferlegt, sich bewußt sind, und selbst dort in Ihrem abgesonderten Winkel, fern vom eigentlichen Weltverkehr, den Anforderungen der Zeit Auge und Ohr nicht verschlossen haben, — das hat mich mit Freude, aber auch mit Wehmut erfüllt, mit Wehmut deshalb, weil so Wenige gleich Ihnen die Größe ihres Berufes, der ihnen oft nur ein Broderwerb und eine Last ist, erfaßt haben. Möchte es in unsrem lieben deutschen Vaterlande bald anders werden, möchte die Verflachung, die überall über uns hereinzubrechen droht, in der Wissenschaft wenigstens dem altbewährten deutschen Forschergeiste weichen!

Für heute bitte ich Sie, mit dieser meiner Herzensergießung vorlieb zu nehmen. Sie kennen mich genugsam und werden mir nicht übel nehmen, daß ich jedes Ding bei seinem Namen nenne. Ich hätte mich Ihrer Aufforderung, Ihnen meine Ansichten über Stenographie mitzutheilen, einfach entledigen können, durch Hinweisung auf Lehrbücher stenographischer Systeme, z. B. auf Gratzmüller, kurzgefaßtes Lehrbuch (München) einerseits, und W. Stolze, Anleitung zur deutschen Stenographie (Berlin) andererseits, oder Heinrich Rätzsch, Lehrbuch der deutschen Stenographie nach Gabelsberger (Dresden), und W. Stolze, ausführlicher Lehrgang der deutschen Stenographie (Berlin). Oder ich hätte Ihnen, wie ein bekannter Wanderlehrer der Gabelsberger'schen Redezeichenkunst, die beiden Parteischriften: die Stenographie als Unterrichtsgegenstand von H. Häpe, und die Stenographie in den Schulen von Carl Eggers empfehlen können, damit Sie sich daraus Raths erholten. Ich komme indessen Ihrem Wunsche nach, Ihnen meine Ansicht ausführlich darzulegen, und bitte den folgenden Blättern Ihre gütige Aufmerksamkeit und Nachsicht nicht versagen zu wollen.

Zweiter Brief.

Geschichtliches.

Unter Stenographie verstand man bis zum Jahre **1841** eine solche Schrift, mit Hülfe deren man im Stande ist, einen Vortrag, eben so schnell, wie er gesprochen wird, wortgetreu aufzuzeichnen.

Die Zahl der bekannt gewordenen stenographischen Systeme ist sehr groß, doch erreichte unter ihnen das angegebene Endziel eigentlich keines. Das Horstig'sche, neuerdings wieder einmal angepriesene System, dem Wesen nach eine Uebertragung des englischen Systems von Taylor auf die deutsche Sprache, ist, so wie es gegeben ist, nicht genügend kurz und bezeichnet zu ungenau. Die außerdem von deutschen Stenographien hauptsächlich in Betracht kommende sogenannte Redezeichenkunst von Gabelsberger bietet, wie später nachgewiesen werden wird, ebenfalls keine Garantie für wortgetreue Wiedergabe des Gesprochenen, obgleich sie vielfach, je nach Befähigung des Schreibers, mit mehr oder weniger Glück zum Nachschreiben von Reden, namentlich in Kammern benutzt wird.

Gabelsberger (gestorben zu München 1849), welcher selbst schon seit 1819 seine Stenographie zum Nachschreiben von Reden anwandte und Schüler heranbildete, veröffentlichte seine Schrift erst im Jahre 1834 und hatte das Glück zu sehen, wie eine Regierung nach der anderen seiner Schüler zur Aufnahme der Landtagsverhandlungen sich bediente: das Bedürfniß lag vor, andere Stenographen gab es nicht, es blieb also nichts übrig, als das einzig Vorhandene zu benutzen und stenographische Bureaux aus Stenographen nach Gabelsberger's Lehre zu bilden.

Diese bestehen noch heute mit den alten Privilegien für die Gabelsberger'sche Redezeichenkunst, und ihnen zum Theil, namentlich dem unablässigen Entgegenwirken einiger Mitglieder des königlichen stenographischen Instituts in Dresden gegen die Erfolge der Stolze'schen Kurzschrift, ist die langsame Verbreitung der Stenographie überhaupt zur Last zu legen. Indem sie nämlich sich bemühen, dem neueren Fortschritt hindernd in den Weg zu treten, sind sie doch nicht im Stande, wie ich ausführlich beweisen werde, den Lernbegierigen irgend etwas Reelles, für das Leben Brauchbares in der Gabelsberger'schen Redezeichenkunst zu bieten.

Im Jahre 1841 veröffentlichte Wilhelm Stolze (gegenwärtig Vorsteher des stenographischen Bureau im preußischen Abgeordneten-Hause) eine neue Stenographie und steckte dieser seiner deutschen Kurzschrift ein weit höheres Ziel, als das untergeordnete, die Nachschreiberin von Reden zu sein. Seine Aufgabe war die Herstellung einer Schrift, welche nicht nur so kurz und geläufig wäre, um dem einen Zwecke, dem Nachschreiben von Reden, zu dienen, sondern zugleich so zuverlässig und lesbar, wie die gewöhnliche Schrift, auch durch wissenschaftliche Begründung leicht erlernbar und für den Schulunterricht geeignet wäre. Er wollte mit einem Worte eine Kurzschrift, welche überall an Stelle der gewöhnlichen Schrift gebraucht werden könnte. Gewiß ein hohes Ziel, welches er anstrebte und — erreichte.

Und das ist schon im Jahre 1841 geschehen? höre ich Sie fragen. Ja, hochverehrter Herr Director! schon im Jahre 1841 wurde das Stolze'sche System der deutschen Kurzschrift wesentlich so, wie es heute ist, veröffentlicht. Es ist in der Folge auf seinen Grundsätzen nur weiter ausgebaut worden und hat dadurch den schlagendsten Beweis für die Tüchtigkeit seiner wissenschaftlichen Grundlagen geliefert.

Schon 1841 ist den Deutschen dieses große uneigennützige Geschenk gemacht worden. Welchen Nutzen haben sie aber daraus gezogen? Sie haben es geduldet, daß Stolze's „ausführlicher Lehrgang" in drei Auflagen und Stolze's „Anleitung zur deutschen Stenographie" in fünfzehn Auflagen erschienen ist. Das ist Alles? Das ist Alles!

Als Stolze's Werk veröffentlicht wurde, hatte Gabelsberger nichts Eiligeres zu thun, als seine eigene Erfindung in seinem Vaterlande Bayern monopolisiren zu lassen: er erwirkte noch in demselben Jahre einen Ministerial-Erlaß, nach welchem an öffentlichen Schulen nur die in Bayern recipirte Gabelsberger'sche Stenographie gelehrt werden darf, — ein Erlaß, der, so viel mir bekannt geworden, noch heute in Kraft steht.

Es ist allerdings bei oberflächlicher Betrachtung für einen Erfinder niederschlagend, wenn das, wofür er sein ganzes Leben hindurch mit Liebe und Eifer gestrebt hat, plötzlich durch die Erfindung eines Anderen übertroffen wird, — aber nur in dem Falle, wenn er, weil er seine Zeitgenossen in irgend einem Theile zu überragen meint, sich nicht mehr als einzelnes Glied in der Kette der Fortschrittsmänner der

Menschheit betrachtet, sondern in allen Stücken sein liebes Ich voranstellt.

Welches Verdienst hätte Gabelsberger um Deutschland sich erwerben können, wenn er frei und offenherzig sich für überwunden erklärt hätte. Mit hoher Bewunderung würden wir an seinem Standbilde in München weilen, wäre er eine solche Selbsterkenntniß zu üben im Stande gewesen, und Deutschland würde heute schon die Segnungen von Stolze's Erfindung genießen.

Statt dessen glaubte Gabelsberger sich berufen, in schonungsloser und höhnender Weise Stolze's Beginnen zu brandmarken; zeigte aber in seinen Angriffen deutlich, daß er sich nicht die Mühe eines gründlicheren Studiums genommen, sondern Stolze's Werk so oberflächlich betrachtet hatte, daß ihm nicht einmal der schon in den Namen ausgedrückte Unterschied in dem Zielpunkte der beiden Schriften klar wurde.

Gleichwohl hatte diese oberflächliche Betrachtung genügt, ihm die Mängel seines eigenen Systems mehr oder weniger klar zum Bewußtsein zu führen, und er trat in Folge dessen im Jahre 1843 mit „neuen Vervollkommnungen" hervor, in welchen er kürzere Bezeichnungen für Artikel und Hülfszeitwörter einführte, namentlich aber nach einem allgemein anwendbaren Kürzungsverfahren sich umsah, welches bewirken sollte, daß seine Schrift nicht auch in der Kürze hinter der Stolze'schen zurückstände. Er kam dabei auf eine unglückliche, von seinen Anhängern genial genannte Idee, welche er aus einer falschen Beurtheilung der sogenannten Tironischen Noten, der Stenographie der Römer, gewann. Nun soll es allerdings das Kennzeichen eines Genies sein, daß es auf falschem Wege doch zu einem richtigen Resultate kommt; Gabelsberger aber gelangte auf einem falschen Wege zu einem falschen Resultate, und dieser Umstand dürfte seinen Anhängern wohl nicht das Recht geben, ihn ein Genie zn nennen. Dies ist ein Vorwurf, welcher nicht Gabelsberger, sondern seine Anhänger trifft. Dadurch, daß sie ihm eine Höhe anwiesen, auf welcher sein Platz weder ist noch zu sein braucht, haben sie es verschuldet, wenn Gabelsberger von dieser Höhe herabstürzend vielleicht tiefer zu stehen kommt, als er es verdient. War auch Gabelsberger kein Genie, so war er doch ein denkender Kopf, ein fleißiger, unermündlicher Arbeiter, der, nothwendig in der Stufenleiter des Fortschritts, Stolze die Wege bahnte. Daß er, absichtlich die Versuche Anderer ignorirend, auf Abwege gerieth, auf welchen manche herbe ungenießbare Früchte gezeitigt wurden, ist allerdings seine Schuld, aber verzeihlich; so wie es ihm verziehen werden soll, daß er Stolze's Erfindung nicht begreifen wollte oder mit dem durch seine eigenen Arbeiten verschleierten Blick unfähig war zu begreifen. Ich achte Gabelsberger als eine nothwendige geschichtliche Erscheinung und bin weit davon entfernt, seine Verdienste zu verkennen oder ihn herabziehen zu wollen.

Wenn aber seine Anhänger und Nachbeter noch immer in die alte Posaune stoßen, deren Töne er selbst schon anblies*), wenn sie noch immer glauben ein Recht zu haben, dem Laien-Publicum durch scheinbar wissenschaftliche Schriften die Stolze'sche Schrift zu verdächtigen, — durch scheinbar wissenschaftliche Schriften, in sofern, als sie nur dadurch zu ihren Folgerungen kommen, daß sie, bewußt oder durch ihre „die Zerstreutheit des Geistes fördernde und die Unklarheit wesentlich nährende" Redezeichenkunst veranlaßt, Wahres mit Falschem mengen — so ist dies ein Verfahren, für welches die Wissenschaft keinen Ausdruck hat; es steht solches Verfahren gänzlich außerhalb der Wissenschaft. Solche Beweisführungen, wie sie unter der Firma eines hochgestellten Beamten versucht sind, sind, wenn auch nicht neu, doch in so concreten Dingen wie die Stenographie unerhört. Der Versuch derselben ist eine Mißachtung desjenigen Publicums, für welches die angezogene und ähnliche Schriften bestimmt sind. Es ist nichts als eine Mystification, wenn die Güte der Gabelsberger'schen Redezeichenkunst nur implicite mittelst falscher Beispiele und Voraussetzungen aus der Stolze'schen Kurzschrift zu beweisen versucht wird.

„Aber das sind ja bodenlose Zustände!" höre ich Sie, hochverehrter Herr Director! ausrufen. „Wie wäre das nur möglich?"

Freilich sind diese Zustände bodenlos und ihre Möglichkeit schreibt sich nur davon her, daß die eigentlichen Fachmänner in der Sache, die Pädagogen, den Gegenstand über die Achsel ansehen. An der absoluten Möglichkeit solcher Zustände werden Sie nicht zweifeln: die Menschen haben ja schon oft solcher Dinge wegen, die der gesunde Menschenverstand leicht entscheiden kann, sich zerfleischt. Es steht dann bei der einen Partei gewöhnlich Egoismus, Geldinteresse, persönlicher Vortheil im Hintergrunde — oder, wenn Sie wollen, im Vordergrunde.

Warum aber die bessere Sache nicht selbst für sich auftritt und die Schmähungen in ihr Nichts zurückschleudert? Das kann ich Ihnen auch einigermaßen erklären. Erstens giebt es ein altes Sprüchwort, so alt wie unsere Wälder, welches ich aber nicht nennen mag; Sie möchten es in dieser Beziehung gehässig finden. Ja, gehässig, darin liegt der Zauber. „Wer mit der Dummheit kämpft, muß scharfe Pfeile haben,"

---

*) Gabelsberger „Neue Vervollkommnungen" Vorrede.

und gerade diese scharfen Pfeile können im Gedränge Manchen verwunden, der nicht gemeint ist; sie geben Ursache zu Haß. Auch denkt der Leser leicht: das ist auch so Einer, der das Schimpfen nicht lassen kann; er spricht zwar überzeugend, ohne indessen mich zu überzeugen, mir scheint er vielmehr auch Einer von den Marktschreiern, den Charlatanen zu sein. Darum, Herr Director! wollen wir diese geschichtliche Betrachtung verlassen und uns zur Sache selbst wenden.

Doch ich bin Ihnen noch ein Zweitens schuldig. Es sind nämlich die Anhänger der Stolze'schen Stenographie so sehr von dem Werthe derselben durchdrungen, daß sie jede Vertheidigung für unnütz halten. Sie meinen, was sie einsehen, müsse auch jeder unbefangene Laie einsehen, und so werde die Sache sich schon von selbst Bahn brechen. Auch treiben nur Wenige, vielleicht Keiner, die Stolze'sche Stenographie des Broderwerbs, sondern um ihrer selbst willen. Der Geldbeutel ist also bei Stolze's Anhängern nicht unmittelbar in Frage gestellt, und so fehlt ihnen der mächtigste Welthebel. Es ist zu bedauern, daß unter der großen Zahl dieser stillen und bescheidenen Verehrer nicht wenigstens Einer in seiner Ruhe sich stören läßt. „Das Gute wird schon zur Herrschaft kommen, wir aber, wir legen die Hände in den Schoß!"

Ich kann leider diese unerquicklichen Verhältnisse nicht verlassen, ohne der Vollständigkeit wegen zu erwähnen, daß nach Stolze noch einige andere deutsche Stenographien veröffentlicht wurden, welche aber so entschiedene Rückschritte sind, selbst hinter die Gabelsberger'sche, daß sie nach keiner Seite hin der Beachtung werth erscheinen und der Verständige sich nur mit Bedauern über die Möglichkeit solcher Verirrungen davon abwenden kann.

Dritter Brief.

Gabelsberger's Buchstaben.

Bei einer Vergleichung von Gabelsberger's Buchstaben mit denen seiner Vorgänger (welche ihm nach seiner eigenen Angabe unbekannt waren) ist nicht zu verkennen, daß Gabelsberger einen wesentlichen Fortschritt machte. Während nämlich alle früheren Erfinder stenographischer Systeme von der Ansicht ausgingen, die einfachsten geometrischen Linien müßten als Grundlage für schreibflüchtige Zeichen dienen, befolgt Gabelsberger die richtigere Ansicht, daß aus Theilzügen der uns schon geläufigen Currentschrift schreibflüchtigere Wortbilder entständen, als aus geometrischen Linien. Mit der Geltendmachung dieses Princips hat Gabelsberger sich um die Stenographie ein großes Verdienst erworben, welches ihm in keiner Weise geschmälert werden darf.

Gabelsberger, oder vielmehr seine Anhänger*), theilen die Consonanten in drei Classen, nämlich in Hauchlaute, Lippenlaute und Zischlaute. (S. Tafel I.)

Rätzsch am angeführten Orte Seite 5 ff. giebt folgende Darstellung:

„I. Hauchlaute, solche, bei deren Erzeugung die Sprachwerkzeuge im Innern des Mundes auf den rein ausströmenden Athem einwirken. Hierher gehören

a) die Laute h, g, ch, k, j, deren Grundzeichen der aufrechtstehende, nach links offene, die Rundung von links nach rechts und oben haltende Halbkreis ist, nämlich

1) h, das „uralte Zeichen des Hauches" (der spiritus lenis der Griechen).

2) Die Erhärtung dieses Hauches zum g (durch einen gelinden Stoß) wird durch eine schmale, auf der Zeile aufstoßende Bogenlinie bezeichnet.

3) Aus der Verlängerung jenes Hauches entsteht ch, welches demgemäß durch das aufwärts gezogene, elliptisch verlängerte h dargestellt wird.

4) Durch das plötzliche Abstoßen der an den Gaumen in starker Wölbung angestemmten Zunge entsteht k, welches demnach durch den unten offenen, rechts kräftig aufgedrückten Halbkreis zu bezeichnen ist.

5) Die Verengung der Mundhöhle, während die Zunge sich an die unteren Zähne anstemmt, erzeugt j, welches durch einen verlängerten und mit Bindestrichen versehenen Grundstrich, seiner Verwandschaft mit i entsprechend, dargestellt wird.

b) t, d, l, r.

1) Durch das plötzliche Zurückziehen der an den oberen Theil der Zähne angelegten Zungenspitze strömt der Hauch gerade und schnell aus und erzeugt den Laut t, welcher durch einen langen, gedehnten, schattenlosen, von der Mittellinie bis an die obere Zeilengrenze hinauf- oder von dieser nach jener zurückgehenden Strich bezeichnet wird.

2) Das langsamere Zurückziehen der Zunge erzeugt den C. d, welcher an die Verbindung des (aufwärts geschr.) t mit h erinnert und dieser in verkleinerter, abgerundeter Form nachgebildet wird.

3) Nöthigt die an den Gaumen angestemmte Zunge den Hauch an ihren beiden Seiten aufwärts hervorzubringen, so entsteht l, welches, seiner Entstehung sowie seiner Geltung unter den C. als deren Mittelpunkt gemäß, durch die mit aufwärtsgehenden Bindestrichen versehene Punktschlinge angedeutet wird (während bei der den Mittelpunkt des V.-Systemes anzeigenden a-Punktschlinge die Bindestriche von oben abwärts gehen).

4) Die an die Zähne und den Vordergaumen aufwärts gestemmte Zunge bewirkt durch kräftiges Ausstoßen des an den Gaumen anschlagenden und von ihm zurückprallenden Hauches die Hervorbringung des r, welches als harter, widerstrebender Laut mit einem kleinen von links nach rechts auf die Zeile abwärtsgehenden Grundstriche, ohne Verbindungsstriche, bezeichnet wird.

c) n, ng, m. Ihrer Entstehung entspricht als Zeichen die Wellenlinie.

1) Nöthigt die an das Gaumgewölbe breit angelegte Zunge den Hauch in zitternder

*) Ich nehme überall nur auf die neuesten Fortschritte der Gabelsberger'schen Redezeichenkunst Rücksicht. Meine Belege entnehme ich dem anerkannt besten Lehrbuche der Gabelsberger'schen Stenographie von Heinrich Rätzsch, Dresden 1863.

Bewegung, wellenförmig, durch die Nase zu gehen, so entsteht n, welches demzufolge die horizontalliegende Wellenlinie zum Zeichen erhält.

2) Durch die stärker an den Hintergaumen angelegte Zunge wird in ähnlicher Weise der mit n verwandte, aber vollere Laut ng hervorgebracht, den man deshalb durch die etwas vergrößerte und rechts schräg aufgestellte Wellenlinie darstellt.

3) wird der Mund geschlossen, die Luft in seiner Höhle angeschwellt und dann in der obenbezeichneten Weise hervorgetrieben, so hört man den C. m, welchen die von links nach rechts gehende, mit Häkchen geschlossene und an den Uebergang zu den Blase- oder Lippenlauten erinnernde Wellenlinie bezeichnet, die in der Hieroglyphenschrift der Aegypter als Zeichen des geschlossenen Mundes galt.

II. Lippenlaute (Blase- oder Windlaute), d. h. diejenigen Mitlauter, welche durch Einwirkung der Sprachwerkzeuge auf den über den Lippen hervorströmenden Hauch hervorgebracht werden: w, b, p, f, v. Sie erhalten als Elementarzug den nach rechts offenen, die Rundung von rechts nach links und unten haltenden, aufrechtstehenden Halbkreis.

1) Wird durch die wenig geöffneten Lippen der Hauch mit leichtem Stoße entlassen, so entsteht der C. w, welcher den vorerwähnten schreibgerecht modificirten Halbkreis zum Zeichen erhält.

2) Die schnellere Hervorstoßung des Hauches durch die mehr verengte Lippenöffnung erzeugt den härteren C. b, welcher demgemäß mit dem geraden (Grund-) Strich beginnend am Auslaufe in den Grundzug übergeht. b verhält sich zu w ebenso, wie g zu h, daher die entsprechenden Formen im umgekehrten Bilde.

3) Der durch die dichtgeschlossenen Lippen stark hervorgestoßene Hauch erklingt als p, erhält daher ebenfalls den Grundzug, aber in verlängerter Form und kann entweder von der Zeile abwärts oder nach derselben von unten heraufgehend bezeichnet werden (s. sten. Taf. 1).

4) Wird die Luft in längerer Dauer scharf und gerade durch die verengten, aber nicht geschlossenen Lippen hervorgetrieben, so entsteht f, welches in entsprechender Weise durch eine gerade feine Linie (gleich dem t, aber an anderem Platze) entweder von unten herauf nach der Mittellinie oder von derselben abwärts zu schreiben ist.

5) Ihm am nächsten steht der durch dieselben Organe, nur milder hervorgebrachte Cons. v, der deshalb auch ein modificirtes Zeichen erhält, welches entweder von der Zeile bis an die untere Schriftgrenze als feine Wellenlinie oder von unten nach der Zeile als feine Bogenlinie geschrieben wird.

III. Sause- oder Zischlaute: s, sch, z.

Der durch Anstoßen an die Zähne in eine zitternde, gleichsam kreiselnde Bewegung versetzte Hauch wird Zischlaut genannt und hat zum Elementarzuge die zum Kreise oder in Rücksicht auf den Schreibmechanismus zur Schlinge vereinigten Grundzeichen der beiden ersten Classen.

1) Der sanfteste Zischl. s wird mit der, gewöhnlich nach rechts sich schließenden Schlinge (dem Kreise) bezeichnet.

2) Das volle starke, in elliptisch verlängertem Strahle ausgestoßene sch stellt die nach unten elliptisch verlängerte Schlinge dar (vergl. dagegen die andere elliptische Verlängerung nach oben an ch).

3) Der härtere und in längerer Dauer hervorgebrachte, aus t und s entstandene Zischlaut z wird durch Verbindung jener beiden Zeichen in ihrer ursprünglichen Form (ts) oder durch eine Vergrößerung der Schlinge unter dem t bezeichnet. Ersteres (ts) kann nie zu Anfang der Wörter stehen und wird gewöhnlich Schluß-z, Letzteres An-

fangs- oder Anlaut-z genannt; doch kommt es auch in der Mitte und am Schlusse von W. vor, wo es bisweilen eine verkürzte Form (s. Parenthese d. st. Taf.) erhält."

Ich habe Vorstehendes wörtlich aus Rätzsch' Lehrbuch entnommen. Sie werden mich also, hochverehrter Herr Director! nicht beschuldigen können, daß ich Ihnen die Begründung der Gabelsberger'schen Buchstabenformen habe lächerlich machen wollen. Sie sind Philologe und werden als solcher die sonderbare Eintheilung der Laute zu würdigen wissen, eine Eintheilung, welche für den vorliegenden Zweck nichts weniger als geboten ist, auch mit demselben in keinerlei sachlichem Zusammenhange steht.

Indem ich Ihnen die Beurtheilung des wissenschaftlichen Werthes obiger Darstellung anheimgebe, beschränke ich mich darauf, dieselbe vom sachlich-stenographischen Standpunkte aus kurz zu beleuchten.

Es wird mehrmals von einem Grundzeichen (Elementarzug) gesprochen; es soll demnach der Schüler glauben, die Lautzeichen der verschiedenen Gruppen würden von einem und demselben Grundzeichen abgeleitet. Dies geschieht aber nicht! Schon bei I. a vermögen wir das aufgestellte Grundzeichen nur in h und ch zu erkennen; die Zeichen für g und j passen nicht hierher, da sie keine Halbkreise sind; das Zeichen für k nicht, weil es nicht nach links, sondern nach unten offen ist. Bei I. b wird kein Grundzeichen aufgestellt. Die Zeichen I. c sind der Charakteristik entsprechend Wellenlinien. Die Zeichen für b, f und v unter II. passen nicht auf die Charakteristik, weil sie keine Halbkreise sind, nur w und p können als solche aufgefaßt werden. Die Zeichen unter III. entsprechen dem aufgestellten Grundzuge.

Wozu also die Aufstellung charakteristischer Grundformen, welche überhaupt nur bei zwei Gruppen mit zusammen sechs Zeichen zutreffen?

Zu welchem Ende überhaupt diese ganze Phantasterei?

Das Zeichen des Hauches bei den Griechen ist der spiritus asper, nicht der spiritus lenis. Soll die Anwendung des Wortes der Sache einen gelehrten Anstrich geben?

Was sollen die Erklärungen, wie sich die Laute bilden*), bei den Zeichen, welche mit der Stellung irgend eines Sprachorgans bei der Hervorbringung dieses Lautes Aehnlichkeit haben, z. B. bei k? Ließe dies bei allen Lauten in gleicher Weise sich durchführen, — selbst dann möchte ich eine solche Begründung der Lautzeichen nicht gelten lassen, weil der individuellen Phantasie ein weiter Spielraum dabei geboten werden würde, und also nichts allgemein Gültiges geschaffen werden könnte. Nun wird aber bald auf die Stellung eines

*) Kein Taubstummer würde danach sprechen lernen können.

den Laut hervorbringenden Organs, bald auf eine elliptische Verlängerung (!), bald auf eine kreiselnde Bewegung der Luft (!) und dergleichen hingewiesen, also nicht einmal ein consequent durchgeführtes Princip angenommen, welchem man — selbst wenn es unsinnig wäre — eine gewisse Berechtigung nicht versagen könnte. Kann die Gabelsberger'sche Stenographie ihre Lautzeichen nicht wissenschaftlich begründen, dann sollte sie eine solche Begründung, welche sie nur lächerlich zu machen geeignet ist, auch nicht versuchen. Sie würde sich nebenbei ein großes Verdienst um ihre Schüler erwerben, wenn sie dieselben mit diesem gelehrt aussehenden Ballaste verschonte.

Die Sache liegt auch ganz anders, als sie von der Gabelsberger'schen Schule dargestellt wird. Gabelsberger hat bei Aufstellung seiner Buchstaben-Zeichen nicht im Entferntesten an ihre wissenschaftliche Begründung gedacht. Er hat seine Zeichen vielmehr aus Theilzügen der entsprechenden Buchstaben der gewöhnlichen Schrift gebildet. Er ist überhaupt nicht an die Erfindung seiner Schrift mit dem Gedanken gegangen, daß sie für Jeden passend sein sollte; er sagt selbst, er habe „als er im Jahre 1817 aus freier Idee mit Ermittelung einer Schnellschrift sich zu befassen anfing, dabei keine andere Absicht gehabt, als etwa einem höheren Staatsbeamten zur Erleichterung seiner Geschäfte dienstlich zu werden." *)

Ich kann mir nicht versagen, Ihnen diese Entstehung der Gabelsberger'schen Zeichen an einigen Beispielen zu zeigen. Das Zeichen für h scheint aus dem letzten Zuge des großen Current-H zu stammen; t ist ein Stück vom t; d der letzte Zug des kleinen Current-d; l der zur Punktschlinge verkürzte Zug; m der letzte Zug des Cursiv-m; f ein Stück des f; z das große flüchtig geschriebene Current-Z. Sollten Sie in diese Art der Erklärung meiner Behauptung noch einige Zweifel setzen, so glaube ich dieselben vollständig mit Hülfe des Zeichens für s heben zu können. Dieses war früher — wie aus älteren von Gabelsberger's eigener Hand vorhandenen Schriftproben**) zu ersehen ist — der unterste Theil des langen ſ, wie es in damaligen Handschriften gebräuch-

*) Gabelsberger, Anleitung zur deutschen Redezeichenkunst, München 1834. S. VII.

**) Diese Schriftproben sind nach den „Münchener Blättern" abgedruckt in Dr. Michaelis, Zeitschrift für Stenographie, Band III., Taf. V. und enthält der betreffende Artikel (S. 181) sehr beachtenswerthe Mittheilungen über die Entstehung der Gabelsberger'schen Stenographie. Es ist nicht zweifelhaft, daß Gabelsberger's Versuche sich zunächst nur auf eine Verkürzung der Currentschrift beschränkten, indem er von den Consonanten nur einen in die Augen fallenden Schriftzug beibehielt und die Vocale anfangs gar nicht andeutete. Erst später fing er an, einzelne Vocale durch Modification der Consonantenzeichen auszudrücken und entfernte sich in der Folge der äußeren Gestalt nach immer mehr von seinem Urbilde, der Currentschrift.

lich war*) (bitte Tafel I. zu vergleichen); jetzt bedeutet das Zeichen sp. Es hat sich dieses Zeichen noch bis heute im Wortbilde „dis“ erhalten, welches auf keine andere ungezwungene Art sich erklären läßt. Später bezeichnete Gabelsberger den Laut s durch den ersten Theil des Schluß-s.

Hier zeigt es sich unleugbar, daß Gabelsberger ursprünglich Theilzüge der betreffenden Buchstaben der gewöhnlichen Schrift zu seinen stenographischen Buchstabenzeichen machte. Ich kann nicht beweisen, daß dies überall geschehen sei; doch ist andererseits zu bedenken, wenn bei manchen Zeichen der Zusammenhang sich nicht mehr erkennen läßt, dies darin liegt, daß die zuerst gewählten Zeichen häufig wohl nicht charakteristisch genug waren und sich nothwendiger Weise durch den Gebrauch entweder bestimmter bilden oder auch abschleifen mußten.

Ich habe gegen diese Art der Entstehung an sich nichts einzuwenden. Es muß aber gemißbilligt werden, daß jetzt dem Publicum weiß zu machen gesucht wird, die stenographischen Buchstaben seien aus tiefer wissenschaftlicher Forschung hervorgegangen.

Gabelsberger selbst versuchte schon, nachdem er seine Zeichen aufgestellt hatte, dieselben wissenschaftlich zu begründen. Da erfährt man z. B.:

„Wenn sich die Zunge sparrenartig gegen den Zahnwall und den Vordergaumen aufwärts stemmt, und dem ausströmenden Hauche den Weg zu versperren strebt, von dessen kräftiger Ausstoßung aber dennoch überwältigt in eine zitternde Bewegung geräth, dann entsteht der Laut r, der dem Schalle der eingreifenden Zähne eines bewegten Rades ähnlich ist. Wir bezeichnen demnach diesen Laut durch das Bild eines Rad-Zahnes“ (Gabelsb. II. 50).

Seine Anhänger mußten solche in das Gebiet des Maschinenbaues übergreifende Erklärung doch bedenklich gefunden haben, und haben — wie Sie oben sahen — etwas Anderes, nicht minder Spaßhaftes an ihre Stelle gesetzt.

Doch verlassen wir diese Phantastereien, nehmen wir die Sache — die Buchstaben — als gegeben nnd betrachten wir sie noch vom graphischen Standpunkte aus.

Rätzsch giebt in seinem Lehrbuche eine Doppellinie an (ich habe sie auf der Tafel beibehalten), die sogenannte Zeile und außer dieser noch eine obere und eine untere Schriftgrenze. Dieser Zeile wird eine große Wichtigkeit beigelegt, indem die Wortbilder hauptsächlich innerhalb

*) Betrachtet man Gabelsberger's Currenthandschrift in dem von ihm selbst lithographirten zweiten Theile seiner „Anleitung zur deutschen Redezeichenkunst“, so wird man bemerken, daß bis S. 76 ausschließlich das in alten Handschriften gebräuchliche lange ſ, von da ab aber bald dieses, bald das heute gebräuchliche lange ſ angewendet ist.

dieser Zeile sich befinden sollen*). Sehen Sie aber die Consonantenzeichen in Beziehung zu dieser Zeile an, so finden Sie nur 7, welche die Zeile vollkommen ausfüllen; 5 Zeichen sind kleiner als dieselbe; 4 Zeichen überschreiten sie nach oben (davon 3 bis an die obere Schriftgrenze); 1 (sch) geht von der Zeilenhöhe, 3 gehen von der eigentlichen Schriftlinie bis zur unteren Schriftgrenze, und 1 geht sogar von der oberen bis zur unteren Schriftgrenze. Wenn nun schon von diesen hier betrachteten Zeichen, aus welchen die Wortbilder entstehen sollen, nur der dritte Theil zeilenmäßig, d. h. die Zeile ausfüllend ist, wo bleibt denn da die Zeilenmäßigkeit der Schrift?**) Nun werden aber die Zeichen noch häufig von der Zeile nach oben oder unten verschoben, oder sie werden verlängert, so daß die aufgestellte Behauptung schon a priori in Nichts zusammenfällt.

Es ist aber auch nicht durchaus nothwendig, daß eine stenographische Schrift zeilenmäßig sei. Daß stenographische Schriften sogar, ohne linienmäßig zu sein, existiren können, beweist die Gabelsberger'sche sowohl, als ihre Antagonistin — die Stolze'sche.

Wie unzweckmäßig indessen die Zeichen mit Unterlängen (namentlich f) sind, wie unzweckmäßig das Zeichen für r ist, das wird Ihnen, hochverehrter Herr Director! noch aus dem Folgenden hervorgehen, besonders schlagend aus der Vergleichung mit der Stolze'schen Schrift. Ich bitte Sie, diese Zeichen im Auge zu behalten.

Ich gebe Ihnen noch auf der beigefügten Tafel die Zeichen für die Vocale, und mache nur darauf aufmerksam, daß das Zeichen für au eigentlich ua heißt — ein vielleicht unwesentlicher Umstand. Bedeutsamer für die Folge ist aber das Zeichen für den Umlaut ü, welches durch Durchschneidung des u mit dem e gebildet wird.

Vierter Brief.

Mehrfache Consonanten bei Gabelsberger.

Ehe ich in der Betrachtung der Consonantenzeichen fortfahre, muß ich etwas vorgreifen. Die Gabelsberger'sche Stenographie (und auch die Stolze'sche) bezeichnet die Vocale zwischen Consonanten bildlich, d. h. sie setzt für den Vocal nicht sein Zeichen, sondern drückt ihn durch

*) Häpe, die Stenographie als Unterrichtsgegenstand. S. 105 ff.

**) Wenn die Currentschrift, deren Zeichen auch nur zum Theil die Zeile füllen, dennoch zeilenmäßig ist, so verdankt sie dies einem anderen Umstande.

Modificationen (entweder der Form oder der Stellung) der Consonanten aus, wie ich dies in meinem nächsten Briefe näher darlegen werde. Für jetzt nur so viel, daß die Gabelsberger'sche Schule von der Ansicht ausgeht, e sei der „allgemeine Vocal-Stellvertreter" *) und da, wo mehrere Consonanten in einem Wortbilde ohne weitere Modification aufeinander folgen oder durch den Vocalstrich (das Zeichen für e) getrennt sind, sei e einzuschalten. Consonanten, die auf solche Weise in der stenographischen Schrift dem Auge als aufeinanderfolgend erscheinen, nennt die Gabelsberger'sche Schule „Silbenconsonanz", zum Unterschiede von der „zusammengesetzten und der Doppelconsonanz", bei welcher die Consonanten auch in der gewöhnlichen Schrift nicht durch einen Vocal getrennt sind.

Von der ersteren, der Silbenconsonanz, sagt Rätzsch a. a. O. S. 7 „Die Silbenconsonanz wird zunächst dadurch dargestellt, daß An- und „Auslaut-Consonant durch den sie verbindenden Vocalstrich etwas von „einander weggezogen werden dann, wenn die am Inlaut zusammen-„treffenden Consonanten eine zusammengesetzte Consonanz bilden können."

Sehen wir uns, hochverehrter Herr Director! diese Regel näher an und gehen dabei beispielsweise vom Worte „Flegel" aus. Hier bilden l und g nach der Gabelsberger'schen Erklärung eine Silbenconsonanz, da aber l und g auch eine zusammengesetzte Consonanz z. B. im Worte „Felgen" bilden können, so muß in „Flegel" nach der angegebenen Regel der Vocalstrich die Buchstaben l und g auseinander halten, und Sie sehen auf Tafel I. 1 das Wort auch demgemäß geschrieben. Schließt man nun aber ebenso vom Worte „Felgen" aus, bei dem die am Inlaut zusammentreffenden Consonanten f und l ebenfalls eine zusammengesetzte Cosonanz bilden können, so erwartet man, daß hier auch f und l durch den Vocalstrich auseinander gehalten werden müßten. Dies ist aber nicht der Fall, sondern es erscheint hier die Silben-Consonanz f...l, wie Sie auf der Tafel sehen, in derselben Weise wie im Worte „Flegel" die zusammengesetzte Consonanz fl. Es ist im Worte „Felgen" die Stelle des Vocals nur implicite dadurch ausgedrückt, daß im Worte „Flegel" l und g durch den Vocalstrich getrennt sind.

Es erscheint demnach fl als Silbenconsonanz in derselben Form, in welcher es als zusammengesetzte Consonanz geschrieben wird, während doch die gegebene Regel ausdrücklich es anders verlangt.

Würde überall die Silbenconsonanz von der zusammengesetzten Consonanz durch den Vocalstrich unterschieden, — dann wäre wirklich eine Regel gegeben, dann wäre die Einführung des Kunstausdrucks „Silbenconso-

*) Rätzsch a. a. O. S. 2 u. und 3 o.

nanz" sogar überflüssig und zwecklos. Die Regel, wie sie gegeben wird, hat aber einen Nachsatz, welcher nicht consequent befolgt wird, dadurch viele Ausnahmen nach sich zieht und die Regel um so mehr zu einem leeren Schalle macht, als diese Ausnahmen nicht durch die Lautverhältnisse des betreffenden Wortes bedingt werden: sie werden einzig und allein bedingt durch die zufällige Gestalt der Buchstaben. Nur weil es unbequem ist, f von l durch den Vocalstrich zu trennen, geschieht hier und in anderen Fällen, in denen es dem Erfinder und seinen Verbesserern unbequem erschienen ist, diese Trennung nicht.

Schon hier tritt Ihnen, hochverehrter Herr Director! die Unzweckmäßigkeit der Gabelsberger'schen Consonantenzeichen entgegen. Hätte die Gabelsberger'sche Schrift Consonanten von gleichem Charakter, oder bestimmter ausgedrückt, ständen sämmtliche Zeichen auf der Schriftlinie: der Vocalstrich würde sich von selbst ergeben, von Silben-Consonanz zu reden wäre überflüssig, das was dem Schüler jetzt mittelst einer Schein-Regel beizubringen versucht, in der That aber erst durch einen Wust von Beispielen beigebracht wird, wäre an sich klar und so selbstverständlich, daß kaum ein Wort darüber zu verlieren wäre.

In der Stolze'schen Schrift liegt die Sache so einfach, wie Sie aus den Stolze'schen Wortbildern der oben besprochenen beiden Wörter Tafel I. 2 ersehen werden, ohne daß Ihnen die Buchstabenzeichen bekannt sind. Wollen Sie aber letztere sich auf Tafel X. aufsuchen, so werden Ihnen diese beiden Wortbilder sofort viel zweifelloser und klarer sein, als die entsprechenden in der Gabelsberger'schen Schrift.

Gabelsberger selbst wußte auch von dieser oben citirten sogenannten Regel nur in der Theorie etwas, in der Praxis vermißt man sie allgemeiner*), als in der heutigen nach Stolze's System soweit als thunlich verbesserten Gabelsberger'schen Schrift. Gabelsberger schreibt z. B. S. 138 und 139 seiner „Anleitung zur deutschen Redezeichenkunst" Theil II. „Werk" und „Wrack" ganz gleich, nur wird im letzteren Worte der Vocal a im Auslaut k angedeutet. Wenn Sie diese beiden Wortbilder I. 3 betrachten, so bemerken Sie noch, daß die Consonanten w und r in ein Zeichen zusammengezogen sind, und dennoch soll im ersteren Worte zwischen diesen beiden verschmolzenen Consonanten der Vocal gelesen werden.

Auch heute, nachdem die Gabelsberger'sche Schule unendlich viel von Stolze gelernt hat, ist sie dennoch nicht arm an Wortbildern, in welchen in der Silbenconsonanz (lassen Sie uns den Ausdruck beibehalten)

*) Seinen eigenen Namen schrieb er „Gabelbregr".

die beiden durch den Vocal getrennten Consonanten in **ein** Zeichen verschmolzen werden (S. die Wortbilder „deren" und „drehn" I. 4). Geschähe dies auch nur dann, wenn eine zusammengesetzte Consonanz der betreffenden Laute nicht möglich ist oder nicht vorkommt, so ist es doch eine zwecklose Complicirung des Systems, welche überdies unklare Wortbilder liefert.

Damit sei der Ausdruck Silbenconsonanz, der in einer fehlerhaften Wahl der Consonanten-Zeichen wurzelt, erklärt, beleuchtet und abgethan. Es wäre praktischer gewesen, denselben gar nicht erst zu gebrauchen und dem Schüler ersprießlicher, wenn man ihn etwa so angeredet hätte: „Sieh, Jünger! dies Wortbild lesen wir nun für „Flegel" und soll es „Felgen" heißen, dann machen wir ausgelernten Redezeichenkünstler es so. Wie wir uns in anderen ähnlichen Fällen verhalten, wird noch Gelegenheit genug sich bieten, Dir an einer Legion anderer Beispiele zu zeigen".

Da würde der Schüler die Sache sofort klar übersehen und sich fragen müssen: „Willst du noch ferner deine Zeit an dies „wissenschaftliche System" verschwenden, oder willst du nicht lieber das schöne Wetter benutzen? Wäre das nicht viel besser, als dein Gedächtniß mit diesem Wust zu beladen? Dem hiesigen Gabelsberger Stenographen-Verein würde mein Abfall ja auch weiter nichts schaden: mein Name figurirt schon in der Mitgliederliste, Eintrittsgeld und Beitrag habe ich vorausbezahlt".*)

Ich gebe in den folgenden Nummern auf Tafel I. die **mehrfachen Anlaute** und zwar:

sp „die verlängerte Zischerschlinge mit stark anfangendem Druck zur Bezeichnung des härteren Lautes" (R. S. 8), schw und zw „mit einem größeren an das w erinnernden Bogen in der Schlinge des sch und z." q gebildet „durch Verschmelzung des g mit u", schm durch Verschmelzung des m mit sch. (I. 5.)

dr, tr, str, wr, pr, schr, spr (I. 6). Das r wird hier dadurch ausgedrückt, daß ein Theil des Vorlautes in die Lage des r gebracht wird. (Früher brachte Gabelsberger die Zeichen sch und sp ganz in die r-Lage).

br und gr (I. 7). „Um einen schreibflüchtigen Zug**) herzustellen, verlängert man b und g um die Länge des r, jenes nach oben, dieses nach unten."

---

*) Es werden zuweilen sogenannte Gabelsberger Stenographen-Vereine gebildet, deren Mitglieder bis auf eins, welches die anderen unterrichtet, die Gabelsberger'sche Redezeichenkunst erst erlernen wollen. Man scheut sich indessen nicht, solche Vereine anderen stenographischen Vereinen als ebenbürtig gelten zu lassen, um gelegentlich mit der großen Zahl der Gabelsberger'schen Stenographen-Vereine prunken zu können, in der Meinung, **diese wäre ein Maaßstab für die Güte der Gabelsberger'schen Lehre!**

) Damit ist doch wol eingestanden, daß die vorigen **nicht schreibflüchtig sind.

Die übrigen mehrfachen Anlaute werden durch Aneinander-Reihung der einzelnen Zeichen erhalten. Die Gabelsberger'sche Schule specificirt diesen Fall noch weiter. Sie liebt es, das Einfache möglichst complicirt darzustellen. Es wird unterschieden, ob zu dieser Aneinander-Reihung ein Bindestrich nothwendig ist oder nicht (eine Nothwendigkeit, welche von der Gestalt der Consonanten bedingt ist). Zum ersten Falle zählt Rätzsch: bl, gl, kl, gn, kn (I. 8). Im zweiten Falle wird noch unterschieden: „Herausziehen oder Ansetzen": ps, pf, st, fl, pfl, pl, fr, pfr, kr (I. 9) und „Ineinanderziehen": schl, spl, schn (I. 10)*).

Bei der Bildung der mehrfachen Anlaute wird wieder ein großer Apparat von Kunststücken angewendet, um etwas sehr Einfaches zu erreichen, das die Stolze'sche Schrift mit einer einzigen Regel (S. Brief 9) abmacht. Bedingt sind die verschiedenen Methoden zur Darstellung der zusammengesetzten Anlaut-Consonanz wiederum durch die verschiedene Stellung der Buchstaben zur Schriftlinie und durch die unglückliche Wahl des r, welches unter den oben angeführten 31 mehrfachen Anlauten 12 Mal als Nachlaut vorkommt und in diesen 12 Fällen in dreifach verschiedener Weise zum Ausdruck gelangt!

Bei Bildung der mehrfachen Auslaute stellt sich die Sache nicht einfacher. Wir haben da zunächst wieder sogenannte Verschmelzungen zu merken, nämlich: mp, tsch, chz (I. 11).

Dann können die einzelnen Laute ohne Bindestrich aneinander gereiht werden: „Herausziehen oder unmittelbares An- oder Aufsetzen": lf, nf, rf, pf, lft u. s. w. (I. 12). Wenn der Vorlaut hier nicht an der unteren Schriftgrenze endigt, so wird er dorthin versetzt. Ferner: gt, kt, lt, nt, pft, rt, st, scht, cht, zt (in drei verschiedenen Formen, von denen die letzte auch tst bedeutet. Diese wird, um die obere Schriftgrenze nicht zu überschreiten, in verkrüppelter Form dargestellt) (I. 13). Ferner: fz, lz, nz, rz, sk, lh, rb, rf, rp, rz, rz (I. 14). Letzteres in drei verschiedenen Formen, welche (wie die vorstehenden für zt) zum leich-

*) Das Auge begegnet hier beim Lesen zuerst dem l und dann dem sp. Da aber derjenige, welcher die Schrift lesen kann, sie wahrscheinlich auch schreiben gelernt hat, so wird das lesende Auge die Schriftzüge jedenfalls in der Aufeinanderfolge auffassen, in welcher sie geschrieben sind. Ich erwähne dies nur, weil Häpe S. 86 der mehrfach erwähnten Parteischrift hieraus der Stolze'schen Schrift, welche dasselbe Verhältniß bei einigen mehrfachen Anlauten zeigt, einen Vorwurf macht. Wenn ihm dieser Umstand in der Gabelsberger'schen Schrift nicht anstößig ist, so hätte er schließen sollen, er werde ihm in der Stolze'schen Schrift bei näherer Bekanntschaft ebenfalls nicht anstößig sein.

teren Anschluß an die vorhergehenden Buchstaben dienen sollen. Eine Beziehung zur Etymologie des Wortes haben sie nicht.*)

I. 15 zeigt die Consonanten-Verbindungen chr, chtr, chn, chtn (in denWorttheilen cher, chter, chen, chten).

I. 16 zeigt das „Ineinanderziehen und das Zurückziehen der s-Schlinge" nd, rd, chs ks, rs, chst, kst, rst; bs, ds, ls, ms, ns, ngs, ps; fs, ts (bedeutet auch z), gs, rbst.

Die „dichte Aneinanderreihung" zeigt I. 17: lb, bd, gd, ld, md, lf, nf, lft, lg, rg, lk, rl, lm, ln, lp, bsch, lsch, nsch, rsch; bt, dt u. s. w. Zu merken ist, daß der Nachlaut sch nicht wie sonst bis an die obere Zeilengrenze gezogen, sondern etwas herabgedrückt wird. Hierdurch wird in diesem Falle die Unterscheidung der Silben-Consonanz von der zusammengesetzten ermöglicht.

Die Doppel-Consonanz wird theils durch enge Aneinanderreihung: bb, dd, gg, ll, nn, ff, pp (I. 18), theils durch die sogenannte Verdoppelungs-Schlinge: ff, tt, mm (I. 19), theils durch verdoppelte Größe: rr, ss**) (I. 20), dargestellt. Wiederum drei verschiedene Methoden für eine einfache Sache!

Ich habe mich genau an die Darstellung von Rätzsch gehalten. Welche Complicirung herrscht aber hier! Welchen Zweck haben diese feinen Unterscheidungen von „Herausziehen, Aufsetzen, Ansetzen, Ineinanderziehen, dichte Aneinanderreihung"? Bei lt und nt soll Herausziehen, bei bt, dt und mt dichte Aneinanderreihung stattgefunden haben (I. 21). Welcher Unterschied ist hier? Keiner!

Wenn nun schließlich die sogenannte Silben-Consonanz bei Rätzsch S. 14, 15 und 16 ebenso weitläufig und verworren dargestellt wird, ohne (wie oben gezeigt) zu einem richtigen Resultat zu führen, so weiß man wirklich nicht, ob man sich mehr über die vielen zur Anwendung gekommenen systemlosen Kunststückchen oder über den Muth derer wundern soll, welche ein solches Durcheinander (um mich keines stärkeren Ausdrucks zu bedienen) als Unterrichtsgegenstand für höhere und mittlere Schulen empfehlen.

---

*) Wo dagegen in der Stolze'schen Schrift für denselben mehrfachen Anlaut verschiedene Formen sich finden, sind diese durch die Etymologie bedingt, z. B. in den Wörtern Hans und Hahn's. (Vergl. Brief 9, Seite 47, X. 12.)

**) Dasselbe Zeichen wird auch für ß gesetzt, welches nach Rätzsch S. 10 ein zusammengesetzter Consonant ist.

Doch bitte ich Sie, hochgeehrter Herr Director, nicht jetzt schon den Stab über das Gabelsberger'sche System (?) zu brechen, die Sache kommt noch besser, und Sie können es dann con amore thun.

Fünfter Brief.

Vocal-Bezeichnung bei Gabelsberger.

Auch bei Darlegung der Vocal-Bezeichnung werde ich mich an das anerkannt beste Lehrbuch der Gabelsberger'schen Stenographie von Rätzsch anschließen, dem ich ausschließlich die Beispiele auf den Tafeln entnehme. Die allgemeine Regel, welche Rätzsch über die Vocal-Bezeichnung giebt, lautet:

„Die Vocale als Inlaute sind mit den Consonanten gleichzeitig (symbolisch) auszudrücken."

Inlaut nennt die Gabelsberger'sche Schule jeden Vocal zwischen Consonanten, so daß also nach ihrer Anschauungsweise im Worte „belehren" e drei Mal als Inlaut auftritt.*)

A. Nebenlaute.

E. Beim Vocal e geschieht die symbolische Bezeichnung:

1. Durch Verbindung des Anlauts und Auslauts, ohne Veränderung ihrer Form oder Stellung mittelst des Vocalstrichs (zur Bezeichnung der anderen Inlaute werden deren eigenthümliche Merkmale an den Consonanten angebracht), z. B. sessel, segel, westen, nenen (nennen), wellen (I. 22).

(Ich gebe hier in der Uebertragung der Beispiele diejenigen Buchstaben wieder, welche die Gabelsberger'sche Schrift in den betreffenden Wörtern bezeichnet. In den Klammern sind die Wörter so wiedergegeben, wie sie die Stolze'sche Schrift bezeichnet. Letztere weicht nur durch Weglassung der Dehnungszeichen und Verwerfung der Majuskel von der gewöhnlichen Orthographie ab. Auch das diphthongische ie bezeichnet die Stolze'sche Schrift nur durch i).

2. „Treffen hierbei, in der betonten Stammsilbe, Consonanten zusammen, welche . . . . auch zusammengesetzte Consonanten bilden, so sind dieselben durch den Vocalstrich etwas auseinander zu halten." Rätzsch

*) Dieser rohe, unwissenschaftliche Begriff vom Inlaut scheint mit daran Schuld zu sein, daß die Anhänger Gabelsberger's die Stolze'sche Schrift (welche nach Sprachsilben ihre Wortbilder aufbaut) nicht begreifen lernen.

S. Häpe a. a. O. S. 158.

S. 13. (Daß diese Regel nicht stets befolgt wird, zeigte ich Ihnen schon im Eingange meines vorigen Briefes auf S. 15):

beleben, gelb, blech, lelch, leken (lecken), nelken, schenken, schneken (schnecken), beren, bern, bereuen (berennen), brenen (brennen), herb, herwer (herber), flen (felen), flehn (II. 1).

3. „Durch unmittelbere Verbindung ohne Bezeichnung oder Andeutung des Vocals":

hrts (herz), fnster (fenster), nstr (nester), spk (speck), schken (schecken), btl (bettel), bten (beten), btten (betten), rchen (rechen), lerchen (II. 2).

4. „Durch Verschmelzung, d. h. unmittelbaren Uebergang des Anlauts in den Auslaut, mit theilweiser Veränderung der Gestalt der Zeichen."

pch (pech), ftsen (fetzen), pter (peter), stpen (steppen) (II. 3).

5. „Durch Einlegung von l, pf und r":

hld (held), hlfen (helfen), hll (hell), fnchl (fenchel), schnpfen (schnepfen), (II. 4).

„Reichen die vorstehenden Vocal-Bezeichnungs-Mittel*) nicht aus, so wird:

6. der Vocal selbst gesetzt." Dies geschieht meist nur vor t und zwar durch „Ansetzen," d. h. es muß die Feder von Neuem angesetzt werden, um den noch nicht bezeichneten Vocal auf der linken Seite des t anzubringen:

sticht (stecht), stchet (stechet), fleht, flehet (II. 5).

Rätzsch faßt obige 6 Fälle in 3 Gruppen zusammen, nämlich 1 und 2 mittelbare, 3 bis 5 unmittelbare Verbindung (Nummer 3 wird noch in weitere 4 Fälle: Ansetzen, Daruntersetzen, Durchziehen und Herausziehen zerlegt) und 6 Setzung des Vocals selbst.

Wir haben demnach, wenn wir alle feinen und feinsten Unterschiede gelten lassen, wie sie Rätzsch auf 4 gedrängt gedruckten Seiten vorführt, nicht weniger als 9 verschiedene Methoden, den einen Vocal e zwischen Consonanten anzudeuten, — oder auch nicht anzudeuten.

Ich kann mich nach dieser kleinen Probe, welche Sie, hochverehrter Herr Director! zugleich für die übrigen Vocale orientiren mag, bei letzteren etwas kürzer fassen, und werde die feineren Unterschiede in der Bezeichnung der Vocale nicht jedesmal besonders hervorheben, sondern mich darauf beschränken, Beispiele dazu zu geben. Diese Beispiele empfehle ich Ihrer sorgfältigen Betrachtung.

*) In 3, 4 und 5 ist das e nur dadurch bezeichnet, daß kein anderer Vocal bezeichnet ist. Seine Stelle zwischen den Consonanten muß errathen werden.

„O und der Zwischenlaut zwischen o und e: ö: werden ziemlich in derselben Weise wie e, d. h. ohne Veränderung der Stellung der Consonanten, bezeichnet, nur daß an die Stelle des Auslaufs des Verbindungsstriches oder der Verschmelzung die Ausrundung tritt. Da nämlich die meisten Consonanten mit Ausläufen oder End=(Binde)strichen versehen, daher auch zur Aufnahme des O=Merkmals in jene geeignet sind, andere aber, namentlich die ohne Ausläufe, jenes Merkmal in andrer Weise an sich ausdrücken lassen, so folgt als Regel: o (ö) wird erstens symbolisch bezeichnet durch Ausrundung des Uebergangs vom An= zum Auslaut=Consonant"

blond, boltsen (bolzen), dogge, knorpel, mond, mogen (morgen), robben, hold,*) doter (dotter), wob, stof (stoff), tochter, prompt,**) pomp, polster, trodbel, zopf, stolpern, strotsen (strotzen) (II. 6).

Das O kann auch in „umgestürzter Form" erscheinen:

sohn (son), somer (sommer), vogt, fom (form), from (fromm), sogen (sorgen), sogen. (II. 7).

Oder der Anlaut=Consonant selbst erhält die Ausrundung. „Dies geschieht bei q und den Kehllauten***), welche an sich des nach rechts gehenden Verbindungsstriches entbehren":†)

gondel, groll, hon,††) horde, korn, komt (kommt), komet, chor (II. 8).

Endlich kann o „ausdrücklich geschrieben" werden:

jod, focht, folgen, sof (soff), schower (schober), schmollen, fopen (foppen), fost (forst), frost, frorst (II. 9).

„Oe unterscheidet sich von o nur durch Erweiterung, Verflachung der Rundung, sowie dadurch, daß es bisweilen durch e vertreten werden kann";†††)

böller, wölkchen, knöcheln, klöpel (klöppel), röschen, fröschen, stöwern (stöbern), dörren, drönen, döfer (dörfer), vögten, götsen (götzen), höltsern (hölzern), chören, höker (höcker), fören, frören, schöfen (schöffen), frdern (fördern), zepfe (zöpfe) (II. 10).

*) Gehört besser unter II. 9.

**) Eigentlich: prompst.

***) Von Kehllauten ist bei Aufstellung der Consonanten-Zeichen (S. den dritten Brief) nirgend die Rede gewesen, dennoch wird hier von Kehllauten gesprochen und h dazu gerechnet.

†) t und st entbehren auch des nach rechts gehenden Verbindungsstriches. Deren Behandlung s. unter II. 6.

††) Kurz vorher (sohn) bedeutete das Zeichen oh, jetzt ho.

†††) Welch tiefer Gedanke! Der Baum unterscheidet sich vom Strauch dadurch, daß er bisweilen umgehauen werden kann.

B. Grundlaute.

„Stehen die Vocale als Inlaute, so ist ihr charakteristisches Merkmal auf den dem Vocal folgenden (Auslaut-) Consonanten zu übertragen. Diese Regel gilt also*) nicht nur für die einfache, geschlossene (Stamm-) Silbe, sondern auch für die folgenden, entweder zur ersten gehörigen oder derselben hinzuwachsenden Silben."

„A wird symbolisch entweder durch kräftigen Druck, Verstärkung, oder durch Mittelstellung bezeichnet." („a der klarste, kräftigste, zwischen u und i in der Mitte stehende Selbstlauter" heißt es an einer früheren Stelle.)

gab, jagd, malts (malz), blank, darm, saff (saß), wapen (wappen), graben, garben, prangen, salts (salz), sanft, bekanter (bekannter), knatern (knattern), naschen, popants (popanz), schmaroteer (schmarotzer), schamrot, stampft, taze (tatze), flasche, falsche, pacht, faden, tadel (II. 11).

bauen, bannen, bananen, nadel, nam, marter, ramen, man sah (III. 1).

Wenn der Auslaut nicht zur Aufnahme des Vocalmerkmals geeignet ist, dann wird der Anlaut verstärkt, oder der Vocal wird buchstäblich geschrieben:

gaffen, graf, schaf, schafft (schafft), schlaf, schlaff, pfafen (pfaffen), zapfen, schachtel, trawer (traber), bader (III. 2).

kalfatern, klafter, pachten,**) saft, traktat (tractat), fatal, tfl (tafel) (III. 3).

„I wird symbolisch bezeichnet entweder durch „Verdichtung", d. h. das betreffende Consonantenzeichen erhält einen kurzen scharfen Druck von oben oder nach unten":

knif (kniff), rif, klipe (klippe), massiv, pistol, distel, wimeln (wimmeln), tfl (tif), stfl (stifel) (III. 4).

oder durch Hochstellung (Erhöhung)

entweder des Auslauts:

gilde, widder, glimen (glimmen), birke, milch, milts (milz), miliz, blindlings, winkst, ginster, minister, klinik, klinke, prints (prinz), papir, trichter, zipfel (III. 5).

oder des Anlauts:

lid, rid, rad, red, kichern, rif, riff, rize (ritze), sittenrichter, nipen (nippen), (III. 6).

---

*) „Also" — weil die Gabelsberger'sche Schule jeden Vocal zwischen Consonanten als Inlaut auffaßt.

**) Siehe oben unter II. 11 „dacht." Das Zeichen für cht (I. 15) darf nicht verstärkt werden, ebenso wenig wie t und f. Ein stichhaltiger Grund ist für deren Nicht-Verstärkung nicht vorhanden.

oder durch Verlängerung des g und m vor t:

miten, mitten, mitel (mittel) (III. 7).

oder endlich durch Steilstellung. (Nur anwendbar bei t und r und zwar nur dann, wenn keins der vorhergehenden Mittel zur symbolischen Bezeichnung des i ausreicht):

biten, bitten, schnit (schnitt), stirn, stirb, sterben, blits (blitz), stimmen, stemen (stemmen), citadelle (III. 8).

Das letzte Beispiel zeigt die buchstäbliche Bezeichnung des i, welche dann eintritt, wenn die symbolische Bezeichnung durch die Gestalt der Consonanten-Zeichen ausgeschlossen ist.

U wird symbolisch bezeichnet durch Tieferstellung

entweder des Auslauts:

bube, humel (hummel), bedungen, huld, dunkel, gunst, husten, buch, dumpf, stum (stumm), pudel,*) stunde, funken,*) brust, schuster, fluch, schluchzen, schrumpfen, schnupfen, zupfen, schuz (schutz), strumpf (III. 9).

oder des Anlauts:

sumen (summen), geklungen, kupfer, muter (mutter), duft, studien (III. 10).

oder es wird das u buchstäblich geschrieben und zwar

entweder in den Anlaut oder Auslaut „hineingelegt":

puf (puff), stufe, pupen (puppen), tupen (truppen), tut (thut), fuss (fuß), duell, pulver, flur, purpur, furcht, wurm (III. 11).

oder „angesetzt":

pult, futer (futter), vulkan (III. 12).

C. Diphthongen und Umlaute.

Ei. Um ei zu bezeichnen, wird der Auslaut in die dem ei eigenthümliche Lage, die ei-Lage gebracht. „Dazu sind nur geeignet: ch, f, t, tsch, Schluß-z. n wird der Schreibflüchtigkeit wegen mit ei zu einem besonderen Zeichen der verlängerten n-Wellenlinie verschmolzen, die dann stets für ein angewendet wird, wogegen ei mit angesetztem n die Unterscheidung für eien giebt":

teich, steif, streifen, gleiten, heitsen (heizen), pein, schrein (III. 13).

Sonst steht ei ausdrücklich und wird nur selten (S. bei eu) durch die ei-Lage des Anlauts bezeichnet:

schreien, leib, beneiden, weiher, zeile (III. 14).

Eu wird symbolisch durch Tieferstellung des Anlauts oder seltener des Auslauts und die ei-Lage des nachfolgenden Buchstaben bezeichnet:

*) Dies Wortbild steht ganz unter der Linie, auf welchen Umstand ich später zurückkomme.

leuchten, leuten, seuche (III 15).

gewöhnlich indessen (wenn die betreffenden Consonanten mit dem Vocal ei keine Bedeutung haben) durch ei vertreten:

freind (freund), freide (freude), scheichen (scheuchen), beicheln (heucheln), heit (heut), teifel (teufel), feicht (feucht) (IV. 1).

oder eu wird ausdrücklich (durch den Buchstaben) bezeichnet:

leute, neun, neuen, scheut (IV. 2).

Ä wird „durch kräftigen Druck im Anlaute, für das voranlautende a und durch Wegziehen des Auslaut-Consonanten vermittelst des Vocalstriches, für e, dann meistens durch Stellvertretung des e, selten ausdrücklich bezeichnet":

mäne, gären, wärter, fleche (fläche), gemecher (gemächer), neht (näht), flschen (fälschen), tler (thäler), schwtser (schwätzer), pflen (pfälen), stälen, saften (säften) (IV. 3, 4).

Ai wird symbolisch entweder durch starken Anlaut und die ei-Lage des Auslauts, oder wie ei bezeichnet:

laichen, hain (IV. 5).

Au wird symbolisch wie u bezeichnet, indem der tiefergestellte Consonant kräftigen Druck erhält, oder es steht buchstäblich:

bauch, jauchzen, pauke, sauwer (sauber), lauschen, haufen, faul (IV. 6).

Äu wird entweder wie au bezeichnet, oder unterscheidet sich von diesem durch weiteres Auseinanderstehen der Consonanten, oder es wird dafür ein ei gesetzt, oder das äu wird buchstäblich geschrieben:

bäuche, baumchen (bäumchen), hauptling (häuptling), kreiter (kräuter), treifeln (träufeln), säuwern (säubern), säufte (IV. 7).

Ü wird symbolisch bezeichnet, indem der Auslaut entweder selbst, oder unter Anwendung eines Bindestrichs, den Anlaut durchschneidet. Dabei muß mit wenigen Ausnahmen mit der Feder abgesetzt werden:

zürnen, mücke (mücke), fülen, bünen, müntse (münze), früchte, fürchte, müter (mütter), prügel, hülfe, trümer (trümmer), türmer (thürmer), schüler, spülen, süne (IV. 8).

oder es wird durch i vertreten:

bicher (bücher), gelibde (gelübde), briken (drücken) (IV. 9).

oder durch u:

mude (müde), luften (lüften), kumern (kümmern), sturmen (stürmen), zunften (zünften) (IV. 10).

oder es wird das u „aus dem Anlaut herausgezogen oder angesetzt" und mit dem Vocalstrich oder mit dem auslautenden Consonanten (seltener mit dem anlautenden Consonanten) durchschnitten:

büfel (büffel), lügen, tüpfeln, gebürt, schnüfeln (schnüffeln), fügen, schüteln (schütteln) (IV. 11).

Die einleitende Erklärung, welche Rätzsch in seinem Lehrbuche der Bezeichnung des ü vorausschickt, ist zu charakteristisch, als daß ich sie Ihnen, hochverehrter Herr Director! vorenthalten dürfte. Er sagt S. 26:

„Unter allen Vocalen läßt ü an sich sowohl als seiner Verwandtschaft mit u und i zufolge die verschiedensten Bezeichnungen, oft an einem und demselben Worte zu. Obwohl nun nicht jedes der nachfolgenden Worte, welche auf verschiedene Art dargestellt werden können, von denen sich aber vielleicht nur eine Schreibart vorfindet, unbedingt so zu schreiben ist, wie es eben dasteht: so sind doch in der Regel nur die in der Praxis bewährten und gebräuchlichen, ausnahmsweise aber auch einige als Beispiele für die Orthographie gegeben. Bei gleicher Deutlichkeit verdienen für die Schnellschrift diejenigen Schreibweisen den Vorzug, welche die Hand nicht zum Absetzen nöthigen, also namentlich die Stellvertretung.“

Ich denke, treffender konnte der Aufwand von Kunstgriffen, welche bei Bezeichnung des Inlautes zur Anwendung kommen, und die daraus hervorgehende Unsicherheit nicht gekennzeichnet werden.

Und was wird trotz aller Kniffe und Pfiffe erreicht? Eine ungenaue oder oft auch gar keine Bezeichnung des Vocals, in Verbindung mit einer ganz neuen — der

Gabelsberger-Stenographen-Orthographie,

welche neben dem Wunsche, keine sinnentstellende Verwechselungen zu begehen, die Bequemlichkeit und Willkür des Stenographen zur Grundlage hat. Kein vernünftiges Gesetz liegt derselben zu Grunde.

„Schreibe, wie du hörst“ sagen Gabelsberger und seine Anhänger. Sie sollten vielmehr sagen: „Schreibe, wie du kannst.“

Aber was können sie oder was hören sie? Hören sie vielleicht in „sohn“ (II. 7) das h? Oder hören sie in „schütteln“ (IV. 11) ein langes ü und schreiben deswegen „schüteln“? Oder hören sie „mein liwer Freind“? Soll vielleicht ein Mischmasch schlechter Mundarten einer allgemeinen Schrift zu Grunde gelegt, zur Schriftsprache erhoben werden?

Was sollte aus unserer herrlichen deutschen Sprache werden, wenn eine solche Schrift in den höheren oder (wie die Anhänger Gabelsberger's wollen) gar in den mittleren Schulen gelehrt werden würde?!

Welcher Lehrer, der die Größe und Schwere seines Berufes erkannt hat, vermöchte es, hinzutreten vor seine 14jährigen Schüler, und ihnen **ohne Erröthen** solche Oberflächlichkeit zu bieten!?

So lange die Gabelsberger'sche Redezeichenkunst zu dem, wozu sie erfunden war, nur zum Nachschreiben von Reden gebraucht sein wollte, konnte man sie gewähren lassen; es blieb Sache jedes Einzelnen, sich mit ihr auszusöhnen. Sie hat ja auch, ehe man besseres leisten konnte, in geübten Händen Treffliches geleistet. Aber von dem Augenblicke an, in welchen sie mit der Anmaßung auftrat, allgemein gebrauchte Geschäfts- und Correspondenz-Schrift zu werden, wo sie in kaum glaublicher Selbst-Überschätzung sich für fähig hielt, als bildender Lehrgegenstand in Schulen eingeführt zu werden, von dem Augenblicke an ist es Pflicht eines jeden Sachverständigen geworden, ihr ein kräftiges: ne sutor ultra crepidam! zuzurufen.

Doch lassen Sie uns, hochverehrter Herr Director! das Gabelsberger'sche Lehrgebäude noch weiter durchwandern.

Die nun folgenden Beispiele beziehen sich auf die Bezeichnung der Vocale als Anlaute und als Auslaute:

ehrn (ehern), eren, mpfang (empfang), rz (erz), ofen, oftsir (offizir), onmacht, ürchen, öter (örter), effnen (öffnen), effen (äffen), ären, ezen (ätzen), eifer, eibisch, euter, euterpe, alpen, arzt, angel, ar, afen (affen), auge, iris, irrten, igel, ulmen, ufr (ufer), unke (VI. 12).

pakte (packte), kafe (kaffe), schleie, heu, trei (treu), stro (stroh), eva, da, mai, blau, di, wi, ni, schri, se (si), du, blü (blüh), blih (blüh) (VI. 13).

In „blüh" und vielen anderen (reh, stroh, schuh, ruh, müh u. s. w.) gilt der Gabelsberger'schen Schule der Vocal als Auslaut! Ein „Stiefel- und Schu-Macher" darf auf seinem Aushängeschilde dergleichen barbarische Anschauungsweisen wol sichtbar machen, er würde aber dem verdienten Spotte nicht entgehen, wollte er seine Orthographie als eine berechtigte und bessere, oder gar als ein bildendes Unterrichts-Element der Schule aufzwängen.

Sechster Brief.

Zusammengesetzte Wörter und Affixe bei Gabelsberger.

A. Zusammengesetzte Wörter.

Die Gabelsberger'sche Redezeichenkunst legt einen besonderen Werth darauf, zusammengesetzte Wörter in einem Zuge schreiben zu können. Sie erreicht dies (theilweise nur), indem sie den Wortbildern manchfachen Zwang anthut. Es erhält z. B. der eine Theil häufig eine ganz andere Stellung zur Schriftlinie, oder gar eine andere Gestalt, als er für sich allein stehend hat.

So geräth im Worte „lerbuch" (IV. 14) das b ganz unter die Linie, während es im Worte „buch" auf der Linie steht. Beim Wortbild „ketenhund" (kettenhund) (IV. 15) steht der zweite Theil ganz über der Linie, während im Wortbild „hund" das h auf der Linie und nd unter der Linie steht.

Die Verschiebung einzelner Worttheile zur Linie wird dadurch möglich, daß zur symbolischen Bezeichnung der Vocale nicht die Stellung der Consonanten zur Schriftlinie, sondern ihre relative Stellung zu einander benutzt ist. Es findet diese Verschiebung der Wortbilder ziemlich häufig statt:

raubvogel, raubrtr (raubritter), ekzimmer (eckzimmer), ekfenster (eckfenster), rorstok (rorstock), rorslöte, weinstok (weinstock), weinflasche (V. 1).

Aber nicht nur die Stellung, auch die Gestalt einzelner Worttheile wird der gewünschten Verbindung zu Gefallen geändert:

vogelfenger (vogelfänger), saufenger (saufänger), denkkraft, schwungkraft, jungfrau, kamerfrau (kammerfrau) (V. 2).

Daß die Lesbarkeit nicht gefördert wird, wenn dasselbe Wort bald in dieser, bald in jener Gestalt sich dem Auge zeigen muß, bedarf keiner Auseinandersetzung.

Noch undeutlicher*) aber werden die Wortbilder, wenn der Auslaut des ersten Wortes mit dem Anlaut des zweiten in **einen** Zug verschmolzen wird.

r-df-lo**) (erdfloh), ba-dp-ulver (badepulver), da-chf-enster, spra-chm-eister, ri-chp-ulver, mil-chpro-be, stor-chsch-nabel, ko-chz-uker (kochzucker), na-cht-eil (nachtheil), li-chtf-reind (lichtfreund), se-chtm-eister, re-chtz-eitig, luf-tsch-icht, schli-tsch-u (schlittschuh), angs-tschr-ei, angs-tschw-eiß, gle-rr-eich, wasse-rr-ad (V. 3).

Dieser „eigenthümliche Vorzug" (Rätzsch S. 35), nämlich die Verschmelzung des Auslauts des Bestimmungswortes mit dem Anlaut des Grundwortes, also das Zusammenziehen des Nicht-Zusammengehörigen, ist nur bei wenigen Consonanten anwendbar, daher nichts allgemein Gültiges, vielmehr eine Künstelei von sehr zweifelhaftem Werthe, eine Künstelei, welche zur Verdunkelung der Wortbilder beiträgt.

---

*) Abgesehen von den kaum unterscheidbaren Verbindungen: chm und chtm, chz und chtz.

**) Die zwischen Strichen befindlichen Buchstaben sind in der Gabelsberger'schen Schrift verschmolzen.

Wenn nun gar noch die Endung oder der Flectionslaut des Bestimmungswortes fortgelassen wird, und die in der Sprache durch diese getrennten Consonanten mit einander verschmolzen werden, dann kann vom Lesen solcher Mißgebilde nicht mehr die Rede sein. Das hindert aber die Anhänger Gabelsberger's nicht, in der Redezeichenkunst ein Bild der Sprache zu erblicken.

re-chtp-flege (rechtspflege), gesi-chtm-uskel (gesichtsmuskel), gesi-chtz-ug (gesichtszug), frei-df-eu (freudenfeuer), flin-tsch-afft (flintenschaft) (V. 4).

Diese Gewaltstreiche gegen die Form der Wortbilder und selbst gegen die Sprache genügen aber nicht zur Erreichung des angestrebten Zieles, zusammengesetzte Wörter in einem Zuge darzustellen. Muß doch schon in viel einfacheren Wörtern abgesetzt werden, z. B. in allen mit den Vorsilben ge und un gebildeten.

Wenn einerseits die Gabelsberger'sche Vocalbezeichnung, indem sie — wie schon oben gesagt — nicht die absolute Stellung der Consonanten (zur Schriftlinie), sondern deren relative Stellung (zu einander) benutzt, der Verbindung zusammengesetzter Wörter förderlich ist, so wird dieser Vortheil andererseits aufgewogen durch die von der Stellung zur Schriftlinie bedingte Bedeutung der Buchstaben t, f, p, v und der davon abgeleiteten, wie st, to, po u. s. w. Diese Buchstaben und Buchstabenverbindungen kann man nicht von der ihnen angewiesenen Stelle verschieben, ohne ihre Bedeutung zu ändern. So wird denn sehr häufig ein Absetzen innerhalb solcher Wortbilder nöthig, welche eins dieser Zeichen enthalten:

dofhütte (dorfhütte), kafetromel (kaffetrommel), zukerstof (zuckerstoff), vizucht (vihzucht), stehplats (stehplatz), gastfreind (gastfreund), plattfom (plattform) (V. 5).

B. Präfixe.

In den Wortbildern der Gabelsberger'schen Schrift tritt die sprachliche Gliederung in Stamm und Affixe (ganz vereinzelte Fälle ausgenommen) nicht hervor, sie ist vielmehr eine mit stenographischen Buchstaben geschriebene, durch die verschiedenartigsten, nicht in ein System zu vereinigenden Kunstgriffe verstümmelte Currentschrift, mit dem einzigen Unterschiede, daß sie ihre Buchstaben nicht nur (wie die Currentschrift) auf gleicher Zeile mit Bindestrichen aneinanderreiht, sondern dieselben auch ohne Bindestriche neben- und übereinanderstellt, zuweilen in einen Zug verschmilzt. Die mit Affixen zusammengesetzten Stämme werden demnach eben so behandelt, wie zusammengesetzte (mehrere Stämme enthaltende) Wörter. Ich schließe daher um so unbedenklicher die Betrachtung der Affixe hier an, als auch von einer Kürzung derselben im Allgemeinen nicht die Rede ist.*) Die bei den bisher gegebenen Beispielen, namentlich auch die bei den zusammengesetzten Wörtern vorkommenden Kunstgriffe wiederholen sich bei der Anfügung der Affixe an den Stamm.

„Die Vorsilben," sagt Rätzsch S. 48, „Präpositionen, so wie einige andere mit Begriffswörtern zusammengesetzte Formwörter (Vorwörter) sind mit dem Stamme zu verbinden." Einige Zeilen weiter aber belehrt er den Schüler: „ihrer Gestalt nach sind die Vorsilben

1. in der Regel oder
2. bedingungsweise verbindungsfähige (bewegliche),
3. nicht verbindungfähige (unbewegliche)."

Der Schüler hat es also wieder mit einer Regel zu thun, welche ihm wie Quecksilber durch die Finger läuft. Freilich ist es eine schwere Aufgabe für die Gabelsberger'sche Schrift, welche ihre Gestalt der Willkür und dem Zufall verdankt, Regeln aufzustellen. Man könnte mit gleicher Aussicht auf Erfolg Wasser in ein bodenloses Faß tragen. Der aus Veranlassung dieser Regel**) von Häpe (a. a. O. S. 51) gegen Stolze geführte Hieb ist als ein vollständig verunglückter zu bezeichnen, indem Häpe nicht sagt, Stolze habe mit seiner Behauptung „die meisten (Vorsilben) werden mit dem Stamme nicht verbunden" Unrecht, sondern nur zeigt, daß die von Stolze aufgeführten Beispiele seit der Zeit, in welcher er seine Kritik des Gabelsberger'schen Systems schrieb, verändert worden sind.

Dennoch bleibt Stolze, wie die folgenden Beispiele zeigen werden, mit seiner Behauptung vollkommen im Recht, da gerade die häufigsten Vorsilben nie, und selbst solche, welche Rätzsch zu den verbindungsfähigen zählt, wie er, ver, vor u. s. w., oft nicht mit dem Stamme verbunden werden.

Ich werde diejenigen Beispiele, in welchen die Verbindung des Präfixes nicht geschieht, mit einem Sternchen (*) auszeichnen.

I. Verbindungsfähige Präfixe.

1. An wird bezeichnet durch ein starkes n:

anbauen, andichten, anrkun (anerkennen), ranwachen (heranwachen), nanfaren (hinanfahren) (V. 6).

2. Ein ist ein langes n:

einszen (einsetzen), einrichten, reinbrechen (hereinbrechen) (V. 7).

---

*) Rätzsch behandelt die Affixe bei der „Wortkürzung."

**) Oder sollte die Regel durch den beabsichtigten Hieb veranlaßt sein?

3. Hin wird bezeichnet durch h und n, hinein durch h und langgezogenes n:

hinstellen, hinrichten, heinklingen (hineinklingen), heinfüllen (hineinfüllen). (V. 8).

4. Herab und hinab werden durch ra und na bezeichnet (Rätzsch S. 48 unten).

rafeun (herabfeuern), ratreten (herabtreten), narollen (hinabrollen), nafallen (hinabfallen) (V. 9).

5. Aus wird bezeichnet durch au. Rätzsch führt dieses Zeichen unter den Sigeln (dieses sind feststehende Abkürzungen) auf. Ich kann es indessen da nur durch au übertragen, wo es sich durch nichts vom Anlaut au unterscheidet:

auruhn (ausruhen), aurhan*) (auerhan), aurechnen (ausrechnen), rausströmen (herausströmen), nausweisen (hinausweisen) (V. 10).

6. Be wird bezeichnet durch b, bei ist ausgeschrieben:

beraten, beirat, bestellen, bezweifeln, beruigt (beruhigt), beeilen*, beenden*, -beif-all (V. 11).

7. Neben wird bezeichnet durch neb:

nebding (nebending), nebfach (nebenfach), nebzimmer (nebenzimmer) (V. 12).

8. Ob, oben und ober werden bezeichnet durch o.
Hier gilt dasselbe was bei aus gesagt ist:

obach (obdach), obem*), oanstellen (obenanstellen), obfleche* (oberfläche), okleid (oberkleid) (V. 13).

9. Gegen wird bezeichnet durch Doppel-g. Rätzsch zählt dies Zeichen zwar nicht zu den Sigeln, doch gehört es offenbar dazu, und ich übertrage es vollständig, weil es vermöge seiner Gestalt niemals mißverstanden werden kann.
rück wird durch rick, in durch i bezeichnet:

gegenstand, gegenfüssler (gegenfüßler), gegenstoss (gegenstoß), rikstand (rückstand), ihalt (inhalt), igel*) (V. 15).

10. Er wird bezeichnet durch r:

rbitrt (erbittert), rbenken (erbenken), -rr-ten (erretten), erraten*, erriten*, erröten*, erlauben*, rzürnen**) (erzürnen) (V. 15).

11. Her, ver, vor, dar, ur, nieder, los, miss sind unverkürzt bezeichnet. Bei ver ist das v verkleinert:

herzaubern, herlaufen, verargen*, ve-rr-ichten, versichern, verfaulen, bevormunden, vo-rr-ang (V. 16).

---

*) Dies Beispiel zeigt die Richtigkeit meiner Auffassung.

**) S. auch erz.

vorrat*, vorturner, darreichen*, darstellen, urhewer (urheber), urzustand, urlaub*, nide-rr-eißen, nidersinken, nidersteigen, losbinden*, losmachen, mißbehagen, mißverstehen* (VI. 1).

12. Wider und wieder bezeichnet die Verschlingung des w mit d (Sigel):

widersjen (widersetzen), widerrufen, widerfinden (wiederfinden) (VI. 2).

13. Über wird bezeichnet durch ü, wenn andere Präfixe vorhergehen, nur mittelst Durchkreuzung der zusammentreffenden Zeichen. Hierbei wird jedesmal ein Absetzen der Feder nöthig:

übernachten*, überrok* (überrock), rükletern* (herüberklettern), nüfligen* (hinüberfligen), überspant* (überspannt), vorüpassiren* (vorüberpassiren), nüsjen* (hinübersetzen), überlifern*, übergewicht**, nügewofen** (hinübergeworfen), gegenüstellen* (gegenüberstellen) (VI. 3).

2. Bedingungsweise verbindungsfähige Präfixe.

1. Ant, ent, hinter, unten, unter werden durch ihre Consonanten, fort durch fot, und mit vollständig bezeichnet:

antwot (antwort), ntrinn (entrinnen), n-tschw-inden (entschwinden), entlaufen*, entretseln* (enträthseln), n-ts-esseln, nzinden (entzünden), hintergen (hintergehen), hintersjen* (hintersetzen), ntnanbinden (untenanbinden), ntrbetten (unterbetten), entrbten* (enterbten), ntreindrwerfen (untereinander werfen), nt-rr-ichten (unterrichten), ntricht (entrichten), dotnntrrollen (dort hinunterrollen), ntrtan (unterthan), unterpfligen* (unterpflügen), fotdauer (fortdauer), fo-tsch-eichen (fortscheuchen), fortfaren*, mitarbeiter*, mitürnemen* (mit herübernehmen), mi-tsch-uld, mitwelt (VI. 4).

2. Auf wird durch uf, für durch f (Sigel), emp durch mp, empor durch mpor, durch durch d und ch (Sigel) bezeichnet:

ufeindrlosfaren (auf einander losfaren), ufbauen* (aufbauen), nuftreiben* (hinauftreiben), fürbitte*, doremphinden, empo-rr-agen, durchnessen (durchnässen), hindur-chm-arschiren (VI. 5).

3. Voll, um und nach sind ausführlich bezeichnet:

vollenden, umreißen, umfallen, rumstreichen* (herumstreichen), nachempfinden, nachricht, nachrum, nachsteu* (nachsteuer), nachwandeln, nachtwandeln, na-cht-eile (nachtheile), nachteile*) (VI. 6).

4. Zu wird bezeichnet durch ein langes z (Sigel), das Infinitiv-zu durch das umgestürzte z (Sigel); erz wird durch rz, zer vollständig, zurück durch zek, zusammen durch zamm und zwischen durch zw (Sigel) bezeichnet:

---

*) Soll wol „Nachteule" bedeuten.

Anmerkung des Setzers.

zulauf, zufall, zustand, zutrit* (zutritt), zuzelen (zuzälen), zu zelen (zu zälen), rzfaul (erzfaul), zerdriken (zerdrücken), zeronen* (zerronnen), zertrümern* (zertrümmern), zekprallen (zurückprallen), miteinderzekreisen (mit einander zurückreisen), zusammenladen, zusammenflechten, zwischenfall. (VI. 7.)

3. Nicht-verbindungsfähige Präfixe.

(unbewegliche.)

Ab wird bezeichnet durch a (Sigel), ge durch j ohne Bindestriche, un durch u (Sigel):

abgabe*, abstand*, abtrinig* (abtrünnig), geraubt*, unabhengig** (unabhängig), unangenem***, unausgesszt*** (unausgesetzt), unübertrofen** (unübertroffen), (VI. 8.)

C. Suffixe.

„Die deutschen Nachsilben" Rätzsch S. 53 „werden größtentheils ausgeschrieben, dagegen kann man zwischen ihnen und dem Stamme stehende Buchstaben oder auch Silben weglassen, sofern dadurch das richtige Wiederlesen nicht gefährdet (?) wird." Zu den ungekürzten Nachsilben gebe ich auf Tafel VII. folgende Beispiele:

gertchen* (gärtchen), hütchen**, köpfchen, madchhaft* (mädchenhaft), gespensterhaft*, posshaft (possenhaft), müsal* (mühsal), bedachtsam, ratsam, flichtling (flüchtling), verstendniß (verständniß), zerwürfniß, bistum, eigtum (eigentum), fürstentum*, witum (wittum), abtei*. (VII. 1.)

Gekürzt sind:

1. Bar, bezeichnet „durch w mit eingelegtem starken r":

annemwar (annembar), dankwar (dankbar), reitswar (reitzbar), furchtwar (furchtbar), fruchtwar (fruchtbar). (VII. 2.)

2. Fach wird bezeichnet durch f (Sigel):

einfach, vilfach. (VII. 3.)

3. Schaft wird vollständig oder durch tschf bezeichnet:

re-chsch-aft (rechenschaft), bo-tschf-er*) (botschafter), dofschaft (dorfschaft), wissschaft (wissenschaft), freindschaft (freundschaft), eigschaften (eigenschaften). (VII. 4.)

4. Ig**) wird bezeichnet durch i „wenn es sich im vorhergehenden Consonanten durch Verdichtung ausdrücken läßt. Außerdem wird es, da (sic) nöthig, durch Hochstellung des g, meist aber, besonders nach t, durch einfache Anhängung des g hinlänglich bezeichnet." (Rätzsch S. 54.)

---

*) Oder „botschafter", wenn das Zeichen als charakteristisches Zeichen einer Endung aufgefaßt wird.

**) Vergl. folgende Seite Nr. 6 In.

farwi (farbig), anrüchi* (anrüchig), bevollmechtiter (bevollmächtigter), ausfindi (ausfindig), vereidit (vereidigt), wei-tschw-eifi (weitschweifig), einstufi (einstufig), nervi (nervig), sogfeltig (sorgfältig), feg (fähig), ruig (ruhig), redi (redselig), saumig (saumselig), trübselig*. (VII. 5.)

5. Lich wird „bloß durch l, außer wenn Unterscheidungen zu treffen sind“ bezeichnet. Es wird nämlich die Endung el ebenso bezeichnet, und so kann es leicht passiren, daß „mündel“ geschrieben wurde, während „mündlich“ gemeint ist. Der Schüler hat sich demnach alle Stämme genau einzuprägen, welche sowohl die Endung el als auch die Endung lich annehmen können. „Die dem l folgende Endung“ heißt es weiter „ist etwas höher zu schreiben“:

mundl (mundlich), mindl (mündel), mindlich (mündlich), schedl (schädel), schedlich (schädlich), folgl (folglich), flegl (flegel), libeln, liblin (liblichen), wisl (wisel), wisslich (wissentlich), wesl (wesel), weslich (wesentlich), eigl (eigentlich)*), odl (ordentlich), vereflin (veröffentlichen). (VII. 6.)

6. In wird durch i bezeichnet, wenn es sich durch Verdichtung im vorhergehenden Consonanten ausdrücken läßt (S. ig); nach t wird es durch das Buchstabenzeichen i, nach anderen Auslauten durch dieses oder durch höhergestelltes n bezeichnet:

rwi (erbin), biwin (bibinnen), gati (gattin), dichtrin (dichterin). (VII. 7.)

7. Isch wird durch sch bezeichnet, welches etwas verkürzt wird:

irdisch, viisch (vihisch), mön-chsch- (mönchisch), tropisch, fanai-tsch- (fanatisch), poei-tsch- (poetisch), profe-tsch- (prophetisch), parlamen-tsch- (parlamentarisch), afirmai-tsch- (affirmatorisch). (VII. 8.)

8. Ung wird bezeichnet durch ein verlängertes u, meist bis zur unteren Schriftgrenze gehend:

fer-bung- (färbung), beda-chung-, wanderungen, verheimlung (verheimlichung), verwiklung (verwickelung), en-drung- (änderung), en-dung-, verwa-rung-, verw-irrung-, rei-zung-, wer-tsch-e-zung- (wertschätzung), n-ziung- (entzihung), nu-zung- (nutzung), bei-zung-, be-ziung- (bezihung), anstekung (ansteckung), fassung, neigung, aneigung (aneignung), vorseung (vorsehung), belo-bung**) (belobigung), belöstung (beköstigung), beri-chtung- (berichtigung), bere-chung- (berechnung), berechtiung (berechtigung), bestimmwot (bestimmungswort), gasbeleichtuffeher (gasbeleuchtungsaufseher). (VII. 9.)

9. Heit wird bezeichnet „durch vergrößertes bis nahe an die Unterlinie gezogenes h“:

---

*) Sollte eine Stadt oder ein Dorf den Namen „Eigel“ erhalten, dann müßte „eigentlich“ anders geschrieben werden. (S. Wesel und wesentlich.)

**) Dies Beispiel verstößt gegen Rätzsch eigene (Seite 48 citirte) Regel, es könnte ebensogut „belobung“ gelesen werden.

derbheit, weichheit, wolfeilheit, gelegheiten (gelegenheiten), re-chsch-afheit (rechtschaffenheit). (VII. 10.)

10. Keit. „Die Nachsilbe keit (Rätzsch S. 56) hat immer einige oder mehrere Endungen (Mittel-, Ableit-, Schaltsilben) vor sich, welche je nach ihrem Hinzu- oder Zusammentritt dem Worte eine verschiedene Bedeutung geben. Sie ist a) stets durch eit zu bezeichnen, außer wenn b) der Stamm mit t endigt. Im letzteren Falle ist keit zu schreiben, wogegen dann die vorhergehende adjectivische Zwischen- oder Schaltsilbe wegfallen kann. Von den vor dieselbe tretenden Endsilben ist c) los stets auszuschreiben. Die übrigen sind d) entweder kurz, namentlich da, wo verschiedene zu demselben Stamme treten können, also auf ihnen die Unterscheidung beruht, anzudeuten, oder e) sie können ganz weggelassen werden, wenn das richtige Wiederlesen verbürgt (?) ist. (Im Satzzusammenhange kann in zusammengesetzten auf keit endigenden Wörtern nicht nur die Schaltsilbe, sondern auch der dazu gehörige Stamm weggelassen werden). Besonders ist auf die Weglassung längerer Schaltsilben Bedacht zu nehmen, kürzere, an sich leicht zu bezeichnende, wie lich, auch sam, sind durch l und s anzudeuten."

bidreit (biderkeit), anmutkeit (anmutigkeit), hifloskeit (hilflosigkeit), treiloskeit (treulosigkeit), behewieit (behäbigkeit), dankeit (dankbarkeit), stimmeit (stimmfähigkeit), hinfelleit (hinfälligkeit), einfeltkeit (einfältigkeit), mancheit (manchfaltigkeit), wareit (warhaftigkeit), reicheit (reichhaltigkeit), einhelleit (einhelligkeit), lendleit (ländlichkeit), landleite (landleute), freindeit (freundschaftlichkeit), altereit (alterthümlichkeit), merkeiten (merkwürdigkeiten), freiwileit (freiwilligkeit). (VII. 11.)

Rätzsch macht hier noch die Anmerkung:

„Die vollständigere Bezeichnung der Schaltsilben Seitens Derjenigen, welche die hier erforderte volle Vertrautheit mit der Sprache nicht besitzen, ist ebenso zulässig, ja sie wird Schülern der Elementarklassen namentlich zur Norm zu machen sein, wie z. B. die ausführliche Vocal-Bezeichnung in Fremdwörtern. Dieselbe Bemerkung gilt auch für die fremden Nachsilben."

Bei der Satzkürzung wird auf diesen Wink wieder Bezug genommen und es wird damit anerkannt, daß nur diejenigen, welche eine nicht unbedeutende copia verborum besitzen, die Gabelsberger'sche Redezeichenkunst ausüben können. Die sogenannte „zuverlässig bezeichnende Geschäfts- und Correspondenz-Kurzschrift" aber bietet wegen ihrer geringen Kürze zu wenig Vortheile, als daß diese die Nachtheile aufwiegen könnten, welche durch ihre Anwendung unausbleiblich eintreten.

Siebenter Brief.

Fremde Affixe bei Gabelsberger.

Sie haben, hochverehrter Herr Director! in meinem vorigen Briefe gesehen, wie Gabelsberger die deutschen Affixe behandelt. Es wird Ihnen bei den Präfixen als wesentlichster Mangel der Umstand entgegengetreten sein, daß im Allgemeinen den Zeichen weder ihrer Stellung noch ihrer Gestalt nach angesehen werden kann, ob sie Präfixe oder ob sie Stammanlaut sind. Dieser Mangel bringt aber eine neue, nicht unbedeutende Unklarheit in die Schrift. Ich bitte Sie nochmals folgende Beispiele zu vergleichen:

ausruhen, auerhan und ausrechnen, (V. 10.) obdach und odem, (V. 13.) erzürnen (V. 15.) und erzfaul (VI. 7.) u. a. m.

Sie werden mir Recht geben, daß hier errathen werden muß, ob mit dem ersten Zeichen ein Präfix gemeint ist oder nicht. Rathen ist aber, wo gelesen werden soll, eine bedenkliche Sache, da man nicht immer gleich gut zum Rathen disponirt ist. Wie leicht entstellt beispielsweise ein Druckfehler den Sinn eines Satzes, und wie lange dauert es oft, bis der Leser dahinter kommt, daß er es mit einem Fehler des Setzers zu thun hat! Gabelsberger selbst hat die Dunkelheit seiner Schrift auch schon gefühlt und spricht sich darüber ganz verständig in seinem Lehrbuche 1834, Theil II. S. 74 folgendermaßen aus:

„Man sollte nicht glauben, wie oft der Zufall*) Dunkelheiten in die stenographische Schrift führt, zumal, wenn man der allgemeinen Regel zufolge über die Vocalbezeichnung hinweggeht, oder auch die Eile sie undeutlich gemacht hat. Während des Schreibens ahnet man nichts von einer Verfänglichkeit; sobald aber fertig gelesen werden soll, und bereits eine geraume Zeit verflossen ist, oder die Wendungen einer höchst vielseitigen Behandlung der aufgezeichneten Vorträge pro und contra die Klarheit der Erinnerung geschwächt haben, dann giebt es nur allzu leicht Anstände, welche eben so unangenehm als Zeit raubend die Kunst des Stenographen auf die Probe stellen und ihm Räthsel für klaren Inhalt zeigen. Man kann freilich entgegnen, es soll mit Verstand gearbeitet werden, der Sinn müsse auf die richtige Lesung führen; allein gar

---

*) Hier hätte Gabelsberger hinzusetzen müssen: und die Ungenauigkeit der Bezeichnung in meiner Schrift.

zu oft ist es gerade umgekehrt; die falsche Uebersetzung eines einzigen Wortes verdunkelt oft die ganze Stelle; es paßt vielleicht scheinbar in den Satz, man geht von demselben aus, in der Meinung, es stehe deutlich so geschrieben und könne nicht anders gelesen werden; und hiermit führt die Zusammenfassung des Sinnes wieder auf den — nun einmal so gelesenen — Wortlaut zurück, der uns während der Ueberlegung im Ohre verfolgt, wie eine immer forttönende Saite; es währt oft lange, bis sich entscheidet, ob der Satz unrichtig aufgefaßt, oder das Wort nicht klar genug bezeichnet sei. Diese Erfahrung wird keinem practischen Stenographen fremd sein. Gegen derlei Anstände und die hieraus entspringenden Irrthümer vermag nicht immer die Intelligenz des Redezeichners zu schützen, zumal, wenn auf streng *wortgetreue**) Wiedergabe des Gesprochenen gesehen wird; die sich unter allen Vorkommenheiten bewährende Bezeichnungs-Fähigkeit**) seiner Schrift muß hierbei die Grundfeste geben."

Es ist wahr, jedem Stenographen, und wenn er das ausgezeichnetste System benutzte, kann es geschehen, daß er undeutlich schreibt oder gar ein ganz anderes Wort schreibt, als er gehört hat; man nennt das: Verschreiben. Die Gabelsberger'sche Schrift hat aber außerdem noch den besonderen Nachtheil, und dieser fällt nicht dem *Stenographen* zur Last, daß sie, selbst mit vollkommener Ruhe geschrieben, die einzelnen Wortbilder (wie schon aus dem Bisherigen ersichtlich, und aus dem Folgenden noch klarer hervortreten wird) ungenau und unklar bezeichnet. *Diese einzelnen unklaren Wortbilder bilden aber den Satz. Kein Wunder, wenn dieser trotz alles Rathens, aller Erinnerung, aller Combinationsgabe unklar bleiben sollte! In der That kann selbst der gewandteste und geübteste Redezeichner die Gabelsberger'sche Schrift nicht geläufig lesen, er müßte denn vorher mit dem Inhalte des Schriftstückes sich bekannt gemacht haben.*

Auf eine der vielen Ursachen dieser Unsicherheit der Gabelsberger'schen Schrift habe ich im Eingange dieses Briefes hingewiesen, nämlich auf den Umstand, daß die Präfixe sich nicht als solche dem Auge auf den

---

*) Aus dieser Aeußerung ließen sich bemerkenswerthe Schlüsse ziehen, doch werde ich statt deren später Thatsachen reden lassen.

**) „Nicht das kann gegen Irrthümer schützen" sagt Stolze, Lehrgang S. 69, „daß eine Schreibmethode *fähig* ist, den Laut jedes Wortes vollständig zu bezeichnen; sondern allein das, daß sie ihn *wirklich* ohne Ausnahme *vollständig bezeichnet*."

ersten Blick zu erkennen geben, oder mit anderen Worten: daß die Wortbilder nicht sprachlich gegliedert sind.

Bei den fremden Wörtern tritt dieser Mangel dann recht schlagend zu Tage, wenn sie mit gekürzten Präfixen geschrieben sind. Wer solche Wörter nicht kennt oder zu rathen versteht, der mag das Lesen-Wollen nur unterlassen.

Ich gebe zu den fremden Präfixen und Suffixen nur so viele Beispiele, als dies unumgänglich nothwendig ist, um sich eine Vorstellung von der Art der Behandlung der Fremdwörter zu bilden:

aheriren (adhäriren), ahorn,*) ajunkt (adjunct), afisiren (affiziren), agnat, agent, alegori (allegori), aranschiren (arrangiren), asekuranz (assecuranz), akzent (accent), antdatiren (antedatiren), antitese (antithese), antillen, automat (siehe auch V. 10 „ausweisen"), amphiteater (amphitheater), amplektiren, awanggarde (avantgarde), abstrahiren*, atrahiren (attrahiren), anabasis**. (VIII. 1).

2. kolege (college), komandant (commandant), kozept (concept), kovent (convent), koordinirt (coordinirt), kotrveniren (contraveniren), koterbande (contrebande), kotretanz (contretanz), kotrowers (controvers), kategorisch*, circumferents* (circumferenz), cikspekt**) (circumspect). (VIII. 2).

3. debatte, dedisiren (dediciren), dfile (defilé), dpendents (dependenz), dferent (different), diplom, disptiren (disputiren), disponent, -dis-tanz (distanz). (VIII. 3).

4. ewident (evident), eksertsiren (exerciren), enciklopedi (enciclopädi), angkuraschiren (encuragiren), euphemi, ekstrwagant (extravagant), hetrogen (heterogen). (VIII. 4).

5. ignoriren, ilustriren (illustriren), ikliniren (incliniren), istinkt (instinkt), ima-giner (imaginär), -impo-sant, irrefomabel (irreformabel), iterpelliren (interpelliren), itroitus (introitus). (VIII. 5).

6. metmorfose (metamorfose), metfisik (metaphisik), monopol. (VIII. 6).

7. oject (object), okupiren (occupiren), ofensiv (offensiv). (VIII. 7).

8. postskript, protkol (protocoll), pardoks (paradox), perfid, perforiren, perif-eri, filomele (philomele), philantrop, fisionomi (physiognomi), prelat (prälat), pralt, prepotenz (präpotenz), professor, profisor (provisor), pseidodoxi (pseudodoxi). (VIII. 8).

9. reagiren, rekonoszziren (recognosciren), referat, ersart, renongse (renonce), restauriren. (VIII. 9).

10. superitendent (superintendent), sang pän (sans peine), subaltern, sujekt (subject), sumiss (submiss), sumsen, subtrahiren, sukurs (succurs), suplement (supplement), sinkope (synkope), simpati (sympati). (VIII. 10).

11. traktor (transactor), traport (transport), transszendental* (transscendental), ultraliwral (ultraliberal), unifom (uniform), universalerbe, (bei Gabelsberger mit der Vorsilbe „ver"!), versaltsen (versalzen). (VIII. 11).

---

*) Dies Beispiel dient dazu, die Richtigkeit meiner Uebertragung zu beweisen. Es ist in beiden Wörtern in demselben Zeichen einmal ad und einmal a enthalten, dem Auge durch nichts erkennbar.

**) Siehe enciclopedi (VIII. 4).

„Die fremden Nachsilben und Endungen werden der Aussprache, „dem Klange, gemäß und meistens ausgeschrieben und mit dem Stamme „verbunden." (Rätzsch, Seite 61.)

Es hätte kein Interesse, für den vorliegenden Zweck aus den circa 1200 Beispielen, welche Rätzsch zu den fremden Nachsilben giebt, einige hierher zu setzen. Es kommt kein neues Prinzip zur Anwendung, sondern es wird mit der Ungenauigkeit und Sprachunkenntniß fortgefahren, die Ihnen, hochverehrter Herr Director! aus dem Bisherigen schon bekannt ist. Da erscheint z. B. bei der Nachsilbe „art" neben „Juchart" das echt deutsche Wort „Hoffahrt", aus welchem man versucht ist, „Hofrath" zu lesen. (VIII. 12.) Also das deutsche Wort „Hoffahrt" schreibt die Gabelsberger'sche Redezeichenkunst mit dem Stamm hoff [von hoffen] und der fremden Nachsilbe art! Wenigstens will sie, daß der Schüler die Sache so auffasse. Abgesehen davon, daß diese Auffassung kaum ein deutschlernender Ausländer theilen dürfte, geschweige ein Deutscher, schiebt sich hier die Gabelsberger'sche Schule wieder weit höhere Absichten unter, als sie wirklich hat; denn es ist ein großer, von geringem Nachdenken zeugender Irrthum, wenn sie glaubt, in ihrer Schrift von Stamm und Affixen sprechen zu dürfen. Es paßt diese Redeweise für ihre Schrift nicht mehr und nicht weniger, als für die gewöhnliche: sie reiht, ich wiederhole es, wie diese, ohne deren Lesbarkeit zu bewahren, die Buchstabenzeichen ruhig aneinander oder schreibt sie auch, abweichend von dieser, über-, durch- und ineinander, und denkt nicht im Entferntesten daran, ihre Wortbilder nach Sprachsilben aufzubauen. Ich glaube dies auf den vorhergehenden Blättern genügend bewiesen zu haben.

Man kann demnach mit Recht nach dem Zwecke der weitschweifigen Aufführung aller Affixe fragen. Der wahre Grund ist der, dem Schüler mit einigem Anstand mehrere tausend Beispiele vor Augen führen zu können, weniger in der Absicht, die einzelnen Affixe zu lehren (denn bei den ungekürzten, und dies ist die große Mehrzahl, ist nichts zu lernen), als vielmehr die sogenannten Regeln der Vocalbezeichnung und Buchstabenverbindung einzuüben, Regeln, die einem Netz aus Kautschukfäden vergleichbar sind, von so dehnbaren und ungleichen Maschen, daß dem Schüler durch Vorführung aller häufiger vorkommenden Wörter das schwierige und oft erfolglose Suchen nach der richtigen Masche erspart werden muß. Diese Ansicht wird auch noch dadurch als die richtige erwiesen, daß sich das Bedürfniß eines vollständigen Gabelsberger'schen stenographischen Wörterbuchs herausgestellt hat. Gerade dies Bedürfniß stellt den Unwerth der Regeln für die Redezeichenkunst in ein zu grelles Licht, als daß die Tonangeber der Gabelsberger'schen Schule nicht bestrebt sein sollten, es zu leugnen. Daß es dessen ungeachtet wirklich vorliegt, wird Jeder bestätigen können, der versucht hat, die Gabelsberger'sche Schrift zu schreiben. Wenn die Schule dergleichen Wörterbücher von sich zurückweis't, so verkennt sie ihren eigenen Vortheil, denn ein privilegirtes Wörterbuch dürfte das einzige Mittel sein, Uebereinstimmung und Einheit in die Gabelsberger'sche Schule zu bringen.*)

Achter Brief.

Wortkürzungen bei Gabelsberger.

In meinem vorigen Briefe theilte ich Ihnen, hochverehrter Herr Director! die Affixe mit, welche bei Rätzsch in dem Abschnitte „Wortkürzung" stehen, indem ich dieselben zweckmäßiger bei den zusammengesetzten Wörtern abhandeln zu können glaubte, ohne gegen den Geist der Gabelsberger'schen Schrift zu verstoßen. Rätzsch beginnt seinen Abschnitt über Wortkürzung mit Sigeln und Abbreviaturen.

Unter Siglen (die Sigle) versteht die Diplomatik Abkürzungen, in denen nur die Anfangsbuchstaben eines Wortes enthalten sind, unter Abbreviaturen solche Abkürzungen, in denen beliebige Buchstaben weggelassen sind. Die Stenographie hat aus „(die) Sigle" „(das) Sigel" gemacht und man darf ihr diese Abweichung von der in der Diplomatik hergebrachten Nomenclatur um so eher gestatten, als sie darunter nicht blos Abkürzungen, welche durch die Anfangsbuchstaben gebildet sind, sondern auch die Abbreviaturen versteht. Besser scheint es mir, das Wort „Sigel", welches mannigfachen Anstoß erregt und bei dem Laien häufig unrichtige Vorstellungen erweckt, überhaupt fallen zu lassen und dafür das deutsche Wort „Abkürzung" zu setzen.

Indeß für die Eintheilung der Abkürzungen bei Rätzsch in Sigel und Abbreviaturen findet man durchaus keinen Grund. So steht z. B.

*) Hätten die Herren, welche Ende März d. J. in Bamberg einen erneuerten Versuch machten, durch Ernennung eines System-Ausschusses die Einheit der Gabelsberger'schen Schule anzubahnen, ein solches Wörterbuch geschaffen und dessen allgemeine Annahme erreicht, so würden sie ihrer Sache einen praktischen Dienst erwiesen haben. Der beliebte System-Ausschuß wird den schon vorhandenen Riß nur zu erweitern vermögen, indem — bei der Unwissenschaftlichkeit der Grundlagen der Gabelsberger'schen Stenographie — aus wissenschaftlichen Gründen Niemand zum Aufgeben seiner persönlichen Ansicht genöthigt werden kann.

unter den Sigeln „plötzlich“ durch den mehrfachen Anlaut bezeichnet; dagegen „psalm“ ebenfalls durch den mehrfachen Anlaut gebildet, unter den Abbreviaturen, während „deutsch“ durch tsch bezeichnet unter den Sigeln sich befindet.

Es werden 83 Sigel und 20 Abbreviaturen aufgeführt, im Ganzen 103 feststehende Abkürzungen. Dieses Verzeichniß ist aber noch lange nicht vollständig, denn es fehlen außer den Monatsnamen viele gekürzte Vorsilben und Präpositionen, ferner alle gekürzten Endungen und namentlich die lange Reihe von gekürzten oder eigenthümlich geschriebenen Partikeln, welche sich bei Rätzsch unter den circa 800 Beispielen zu §. 61 befinden.

Der Begriff „Sigel“ ist in der Gabelsberger'schen Schrift ein sehr dehnbarer und sie hat, wie später erläutert werden wird, ein Interesse dabei, möglichst wenig Sigel aufzuführen. In der That vermißt man hier viele Abkürzungen, welche Gabelsberger in seiner Anleitung als Sigel aufführt, und welche nichts desto weniger heute noch im Gebrauch sind. Ich werde nur einige von den 103 „Sigeln und Abbreviaturen“ anführen, welche noch nicht vorgekommen sind und in der Folge nicht vorkommen werden. Die Laute, welche im Sigel nicht durch Buchstaben vertreten sind, werden stets durch kleinere Schrift wiedergegeben werden, wogegen bildlich bezeichnete Vocale als ausgeschrieben gelten.

bald, **blei**b, **be**sonder**s**, **di**ch, **e**uer, **g**an**z**, **ge**mein, **gl**aub, **gro**ß, **hal**t, **i**ch oder **i**n oder **i**hn, **kein**, **k**önig, **kreis**, **immer**, **p**unkt, **plö**tzlich, **qu**elle, **be**quem, **erquicken**, **schon**, **ge**sche**h**n, **geschw**ind, **sp**eziell, **sprech**, **st**att, **stets**, **selbst**, **und**, **vol**l, **wi**r oder in Zusammensetzungen **w**enig, **aber** (ein willkürlicher Zug, da das b wie j ohne Bindestriche erscheint) **oft**, **mensch** (ein neues Zeichen: sch auf der Linie) **nicht**, **deutsch**, **also**, **dis** (hier findet sich noch das alte s-Zeichen, welches jetzt sp bedeutet) **was**, **z. B.** (IX. 1).

Ich lasse nun, wie Rätzsch, Artikel, Fürwörter und Hülfsverben und die mit Hülfe derselben zu machenden Kürzungen folgen:

der, **di**, **das**, **des**, **de**m, **de**n, die drei letzten über der Linie, **ein**em, **einer**, **eines**, **einen**, **ein**e, die letzten vier über der Linie. (IX. 2).

Die Declinationsendungen werden, wenn sie durch den Artikel „zweifellos ausgedrückt“ sind, „als selbstverständlich, daher überflüssig“ nicht geschrieben, also:

einen neu schö**n tuchro**k (einen neuen schönen tuchrock). (IX. 3).
di gute lib brav ires woltun halb **allge**mein **geschtst frau.** (IX. 4.)

Wenn der Artikel auf Präpositionen (diese sind größten Theils im vorigen Briefe unter den deutschen Präfixen vorgekommen) folgt, so wird er gewöhnlich mit diesen verbunden und kann dann oft kürzer bezeichnet werden.

ufi — auf die, **durchi** = durch die, **ufr** = auf der („ufer" (VI. 12) wird ebenso geschrieben), **nachr** = nach der, **nachn** nach den. Zu merken sind hier noch „am" und „im" (welches auch „ihm" bedeutet). (IX. 5).

Der Artikel kann manchmal auch fortgelassen werden:

proffsor denkt andrs (der Professor denkt anders) (IX. 6), **ungeachtet fleiß** (ungeachtet des Fleißes) (IX. 7).

Die Fürwörter können unter sich, mit dem Artikel und der Präposition verbunden werden. „Weggelassen kann auch werden das zurückbeziehende Fürwort vor selbst".

er mache das mitselbst aus (er mache das mit sich selbst aus). (IX. 8).

Die Hülfswerben stehen meistens über der Linie. Ich werde nur diejenigen Formen hervorheben, welche sich nicht unmittelbar aus andern ableiten lassen:

sein, bin oder **bist, ist, sind, seid, sei, war, wär, gewesen.** (IX. 9). **werden (werde, wirst, wird, werdet), wurde (wurdest, wurdet), würde (würdest, würdet), geworden** (IX. 10). **haben (habe, hast, hat), hatte (hattest** u. s. w.) **hätte (hättest** u. s. w.), **gehabt** (IX. 11), **laß** u. s. w., **liß** (IX. 12), **können** (wie „einen"), **kann, konnte, könnte, gekonnt** (IX. 13), **darf, dürfen** (eigentlich „fün"), **dürft, durfte, dürfte.** (IX. 14).

mag, mög, mochte, möchte (IX. 15), **will, wollen, wollt, soll** (IX. 16). **brauch, muß, müße, mußte, müßte.** (IX. 17).

Die Endungen der Hülfszeitwörter und auch der Hauptzeitwörter können weggelassen werden, „wenn Person, Zahl und Zeit schon außerdem hinlänglich angedeutet ist". Die Hülfszeitwörter können manchmal mit den vorhergehenden Hauptzeitwörtern verbunden werden und ebenso werden die unmittelbar auf die Zeitwörter folgenden Fürwörter mit diesen verbunden; „ich" wird in letzterem Falle manchmal blos durch „i„ und „du" meist durch „u" bezeichnet:

gesagt haben, getr (geht er), **teischen wirdmansich** (täuschen wird man sich), **würdensesfich nemen lassen** (würden sie es sich nehmen lassen), **meinstu** (meinst du), **retteir** (rettete er), **werdi gewesensein** (werde ich gewesen sein) (IX. 18).

Der Schüler hat nun noch circa 800 „Partikeln und partikularische Redensarten" (Rätzsch §. 61) durchzustudiren und dabei allerlei Kunststückchen zu merken, z. B.:

aberauchnoch, beidisheit (bei dieser gelegenheit), **dazuauchnoch, dochnichtallein, auchimmernoch** (hier wird statt des doppelten „m" eine Brezel gemacht), **indisziung** (in dieser Beziehung), **nachmeirüzung** (nach meiner überzeugung), **auchvil, nochvil, nochsovil.** (IX. 19.)

Die Kürzungen der Zahlzeichen übergehe ich als unwesentlich. Mit Buchstaben geschriebene Zahlen geben Veranlassung zu Monstre-Wortbildern: **dreihundrtdreizwantsigtusendsechs.** (IX. 20).

Schließlich zeigt Rätzsch noch, in welcher Weise einige Interpunctionszeichen von der Redezeichenkunst verwendet werden. „Der Doppelpunkt tritt an die Stelle des die Rede einführenden, ihr vorangehenden Wortes selbst.“ Er kann also die Verben: sprechen, sagen, schreiben, entgegnen u. s. w. vertreten:

ein windhund fand nen knochen und fing an in abzunag. knochen: zu im ich bin ser stark. windhund: sei rulg ich habe zeit da ich weiternichts zutu habe. (IX. 21.)

Das Gleichheitszeichen wird gesetzt für Wörter oder Sätze, die, eben dagewesen, wiederholt werden:

sei hochbeseligt odr leide, das herts bedarf ein zweit=, geteilte freid ist dopelt=, geteilter schmerts ist halb=. (IX. 22.)

Der Gedankenstrich dient zur Andeutung bekannter Sprichwörter, Redensarten und Citate, indem er hinter die ersten Worte gesetzt wird.

„Das Ausrufungszeichen vertritt in der Schnellschrift die Anrede „meine Herren!“ oder jede andere gebräuchliche oder von dem Redner stets angewandte Anrede; im Contert der Correspondenz die Wiederholung der am Anfange zu setzenden Anrede, nicht auch das Pronomen derselben“. (Rätzsch, Seite 70.) Dieses Ausrufungszeichen ist als Zeichen für die Anrede in dem Grade eingebürgert, daß in Gabelsberger's Schrift geschriebene Briefe stets damit anfangen. Der Empfänger mag aus dem Inhalte des Briefes sich dann selbst die Anrede construiren. Gewiß sehr zu empfehlen, um auch die Grobheit oder Höflichkeit zu stenographiren.

„Das Fragezeichen steht für das Fragewort (für das Wort „frage“ und die davon abgeleiteten Wörter) selbst“. Z. B.

ich ? se! (ich frage Sie, meine Herren!), **könnenwir dis schmachvoll Behandlung, dürfen wir dis= lenger duld.** (IX. 23.) **brauchense inber stenographi das ?zeichen als solches und nicht als ?wot so schreib ses etwas kleiner als letstrs.** (IX. 24.)

Sie werden hier, hochverehrter Herr Director! in ein Gebiet von Kürzungen geführt, welche dem practischen Stenographen Erleichterung gewähren können; indessen gehören diese Kunstgriffe weder dem Gabelsberger'schen Systeme speciell, noch der Stenographie überhaupt, sondern jeder Schrift an. Jedenfalls wäre es ein großer Mißgriff zu nennen, solche Willkürlichkeiten für eine Correspondenzschrift als Regel aufzustellen, wenn die Gabelsberger'sche Schrift nicht ohnehin schon an Willkürlichkeiten überreich wäre.

Das bisher Vorgebrachte wird Ihnen, hochverehrter Herr Director! einen Überblick über die Gabelsberger'sche „Correspondenzschrift“ gewähren.

Wenn indessen der gewonnene Überblick kein klarer ist, so liegt dies weniger in meiner Darstellung, welche sich ja eng an ein gutes Gabelsberger'sches Lehrbuch anschließt, als in der Unsicherheit der gegebenen Regeln. Den Beweis hierfür bin ich Ihnen nicht schuldig geblieben.

Ich beginne nun in meinem nächsten Briefe die Darstellung des Stolze'schen Systems, werde aber dabei Ihre Geduld nicht auf dieselbe Probe zu stellen brauchen, wie bei der Redezeichenkunst, aus dem einfachen Grunde, weil ich Ihnen nun ein System vorzulegen habe.

Neunter Brief.

Buchstaben und mehrfache Consonanten bei Stolze.

Stolze entlehnt seine Buchstabenzeichen aus der gewöhnlichen, namentlich der lateinischen Schrift. Er weicht hierin schon von Gabelsberger ab, welcher namentlich die Züge der deutschen (verdorbenen) Schrift benutzte.

Indem Stolze die Theilzüge der gewöhnlichen Schrift aufsuchte, fand er nur zwanzig stenographisch brauchbare einfache Züge, deren Anzahl indessen nicht genügt, jedem Laut ein besonderes Zeichen zu geben. Er hat ihre Anzahl dadurch vermehrt, daß er die meisten Züge in mehr als einer Größe zur Anwendung bringt, und so wurde es ihm möglich, nicht nur jedem einfachen Laut, sondern auch jedem häufig vorkommenden zusammengesetzten Laute ein einfaches Zeichen zuzutheilen, wie auch für mehrere Laute zwei oder drei Zeichen aufzustellen. Letzteres erscheint Ihnen vielleicht, hochverehrter Herr Director! als ein überflüssiger Luxus; Sie werden aber, wenn von der Verwendung dieser verschiedenen Zeichen für denselben Laut die Rede sein wird, sogleich sehen, daß das Bedürfniß dadurch nicht überschritten wurde.

Die Größen-Verhältnisse der Stolze'schen Schriftzeichen: einstufig (gleich der Höhe der kleinen Cursivbuchstaben), zweistufig, dreistufig und halbstufig finden sich schon in unserer gewöhnlichen Schrift (siehe Tafel X. 1.). Es ist in der stenographischen Schrift nur neu, daß dasselbe Zeichen in verschiedener Größe ohne Hinzufügung anderer Züge verschiedene Bedeutung hat. Indem aber ähnliche Laute ähnliche Zeichen erhalten, werden die durch schlechte graphische Darstellung bei jeder stenographischen Schrift etwa möglichen Irrthümer bei der Stolze'schen nicht allzuweit von der Wahrheit abweichen. Es erscheint auf den ersten Blick die Möglichkeit solcher Irrthümer viel größer, als sie in der That ist. Da nämlich die Wortbilder in der Regel aus mehr als einem Zeichen bestehen, so faßt das Auge weniger die absolute Größe der Schriftzeichen, als vielmehr deren relative Größe zu einander auf. Mag nun Jemand sein Augenmaß noch so wenig ausgebildet haben: ob zwei nebeneinander stehende Züge gleich oder verschieden groß sind, das wird er sofort erkennen, und wenn er nur weiß, daß es auf ihr relatives Größenverhältniß ankommt, so wird er sie auch gleich oder verschieden groß darstellen. Es wird denn auch in der That jeder Stolze'sche aus mehreren Zeichen bestehende Schriftzug richtig gelesen, wenn auch die Maßeinheit, die Stufenhöhe, nicht besonders beigegeben ist; sie ist ausreichend durch das Größenverhältniß der Schriftzeichen ausgedrückt.

Die Bedeutung sämmtlicher Stolze'schen Buchstabenzeichen ist unabhängig von einer bestimmten Stellung zur Linie: sie haben keine Unterlängen. Sie werden ohne hervortretenden Druck der Feder geschrieben; ein leichter Schatten des abwärtsgehenden Striches wird von selbst entstehen. Die Verstärkung eines Zeichens dient zu näherer Bezeichnung des Vocals oder zur Bezeichnung einer Lautverstärkung des auslautenden*) Consonanten.

Stolze schloß sich bei der Vertheilung seiner Schriftzüge auf die Laute der Sprache eng an die grammatische Eintheilung der Laute an: Die schwächer articulirten Laute erhalten die kleineren, die stärker articulirten die größeren Zeichen, also die Vocale, als auf der niedrigsten Articulationsstufe stehend, halbstufige, die Starrlaute, als auf der höchsteu Articulationsstufe stehend, zwei- und dreistufige Zeichen.

Von den Starrlauten erhalten die Hauchlaute durchaus gebogene, die Schlußlaute dagegen Zeichen, in welchen die gerade Linie zum Ausdruck kommt. Ferner sind die Lippenlaute rechts hohl, die Kehllaute als die umgekehrten Zeichen der entsprechenden Lippenlaute links hohl, und die Zungenlaute weder rechts noch links hohl.

---

*) Die Sprachwissenschaft benennt die einzelnen Theile der Stammsilbe in folgender Weise: Der erste Laut heißt Anlaut. Demnach sind in den Stämmen: „rein, blau, erb" der Reihe nach die Anlaute r, bl und e enthalten. Der letzte Laut heißt Auslaut; also sind n, au und rb die Auslaute obiger Stämme. Der Vocal zwischen Anlaut und Auslaut heißt Inlaut. Der consonantische Anlaut sowohl wie der consonantische Auslaut kann einfach (wie in „rein") oder mehrfach (blau, erb) sein. Dann heißt der erste Consonant Vorlaut (b, r), der letzte Consonant Nachlaut (l, b).

Die Schmelzlaute erhalten kleine, möglichst verbindungsfähige Zeichen.

Wenn Sie diese Prinzipien als richtig anerkennen und danach versuchen, Stolze's 20 Normal-Schriftzüge auf die Laute zu vertheilen, so werden Sie im Wesentlichen zu denselben Buchstabenzeichen kommen, welche ich Ihnen auf Tafel X. vorlege.

In der That darf eine Schrift, welche von vorn herein mit der Absicht auftritt, die Currentschrift zum großen Theil zu ersetzen, so weit es nur irgend thunlich ist, die Individualität und Phantasie des Erfinders nicht zum Ausdruck kommen lassen; nur wenn ihr dies gelingt, wird sie gern und willig als allgemein gültig angenommen werden. In wie weit dies bei Stolze zutrifft, darüber werden Sie sich aus den folgenden Blättern selbst ein Urtheil bilden können.

Den Vocal der geschlossenen Stammsilbe bezeichnet Stolze stets bildlich durch verschiedene Stellung der Consonanten zur Schriftlinie und sonstige Markirungen derselben. Er verbindet dabei Anlaut und Auslaut durch einen Bindestrich und giebt hierdurch stets genau die Stelle an, an welcher der bildlich bezeichnete Vocal einzuschalten ist. Daraus folgt, daß mehrfache Consonanten stets ohne Bindestrich (unmittelbar) zu verbinden sind.

Betrachten wir den consonantischen Anlaut näher. Weil der consonantische Anlaut der unveränderliche Theil der geschlossenen Stammsilbe und somit als die festeste Stütze derselben anzusehen ist, so gilt für ihn die Regel, daß er in dem Falle, wenn mehr als ein Zeichen für ihn vorhanden ist, stets durch ein stehendes, oder bei zwei für ihn festgestellten, nur in der Größe verschiedenen Zeichen durch das größere zu bezeichnen ist. Deshalb die Anlautzeichen für n, s, st, b, g, c, z, sch, ch. (X. 2.) Die mehrfachen Anlaute werden, wie oben schon gesagt, unmittelbar mit einander verbunden. Es geschieht dies in folgender Weise:

a) Die Nachlaute l und r werden in gebogen endigende Vorlaute eingeschlungen, an gerade endigende dagegen links angefügt (bl, pr, chl, schr, tr, kl.) (X. 3.)

b) Beim Nachlaut n wird der Vorlaut nicht ganz zur Linie, das n selbst zur Linie schräg abwärts gezogen (gn, kn, schn.) (X. 4.)

c) der Vorlaut sch wird über den Nachlaut m gestellt und dabei aus Gründen der Kalligraphie der Vorlaut nur einstufig gemacht. (X. 5.)

d) Der Nachlaut w wird, weil sein Zeichen nicht verbindungsfähig genug ist, durch das Zeichen für v vertreten. Dieses Zeichen bedeutet stets, wenn es als Nachlaut auftritt, nicht v, sondern w, und ist daher (X. 6) zu übertragen: zw, schw, kw (qu).

Bei den mehrfachen Auslauten wird die unmittelbare Verbindung dadurch erreicht, daß

a) der Vorlaut oben beim Nachlaut steht, wobei die Vorlaute l und r mit dem Nachlaute auf die bequemste Weise verbunden, also in links offene Bogen des Nachlauts eingeschlungen werden: gd, bd, nch, nf, lb, rf, rd, rg, lg, rn (X. 7).

b) der Nachlaut t zweistufig aufwärts gezogen wird. t ist nämlich der einzige Buchstabe, der von unten nach oben geschrieben werden darf, die übrigen werden sämmtlich von oben nach unten geschrieben. ml, rt, lt, rkt, pt, dt (X. 8) (der einfache Auslaut t wird, mit seltenen Ausnahmen, dreistufig aufwärts gezogen).

Die doppelten Consonanten, einschließlich ck und tz, werden durch Verstärkung des betreffenden Consonantenzeichens, und die Lautverstärkungen nk, mpf, sst und tsch durch die starken Zeichen von ng, mp, st und sch bezeichnet:

ll, mm, nn, tt, ck, tz, nk, mpf, sst, tsch (X. 9).

Die großen Zeichen von b, g, c, z, sch, ch, tz, tsch bedeuten im Auslaut bt, gt, ct, zt, scht, cht, tzt und tscht (X. 10).

Die stehende Form des n bedeutet im Auslaut nd und verstärkt nt (X. 11).

Die gemischten Auslaute ns, nst u. s. w. unterscheiden sich von den reinen dadurch, daß in ersteren die liegenden Formen, in letzteren die stehenden Formen von s und st verwendet werden (X. 12).

Sie sehen, hochverehrter Herr Director! daß die Benutzung mehrerer Zeichen für denselben Laut, den Lautverhältnissen der deutschen Sprache Rechnung tragend, zur kürzeren Darstellung vieler consonantischen Auslaute führt, ein Vortheil, welcher der Gabelsberger'schen Schrift durchaus abgeht.

Die Buchstabenzeichen Stolze's sind durchaus den Regeln der Kalligraphie entsprechend. Sie entspringen, wenn sie nicht die gerade Linie oder Ellipse selbst sind, aus Theilen der Ellipse oder aus der Combination der Ellipse mit der graden Linie oder endlich aus der Combination zweier Ellipsen (siehe Tafel X. unten). Die Beschäftigung mit diesen einfachen und [illegible]nen Linien muß selbstverständlich der Handschrift große Sicherheit, R[illegible]ng und darum Schönheit verleihen. Es sollte die Darstellung dieser einfachen Züge die erste Schreibübung des Kindes bilden, dann würden wir bald schönere Handschriften bekommen und die eckige unschöne deutsche Currentschrift endlich verdrängt sehen.

Leider gipfelt jetzt aber der Schreibunterricht gerade in der möglichst kantigen Darstellung dieser Schrift. Jeder Schreiblehrer, der der Stenographie kundig ist, wird an Stelle des handwerksmäßigen Abrichtens einen rationellen Unterricht treten lassen und die Stenographie wird ihm das Mittel bieten, schöne Handschriften zu erzielen und schlechte zu verbessern.*)

Zehnter Brief.

Die Stammsilbe bei Stolze.

> Die Theilung der einfachen Silbe in einen Consonanten und Vocal, insofern man sich beide als selbstständig denken will, ist nur eine künstliche. In der Natur bestimmen sich Consonant und Vocal dergestalt, daß sie für das Ohr eine unzertrennliche Einheit ausmachen. Soll daher die Schrift diese natürliche Beschaffenheit bezeichnen, so ist es richtiger, die Vocale gar nicht als eigene Buchstaben, sondern nur als Modificationen der Consonanten zu behandeln.
>
> Wilhelm von Humboldt, „über die Verschiedenheit des menschlichen Sprachbaues."

Die Inlaute der Stammsilbe bezeichnet Stolze bildlich. Er geht dabei von den Grundvocalen der deutschen Sprache, i, a und u aus und stellt diejenigen Stammsilben, welche den Inlaut i haben, entsprechend ihrer Tonhöhe, über, diejenigen, welche den Inlaut a haben, auf und diejenigen, welche den Inlaut u haben, unter die gezogene Linie. (Geübtere schreiben und lesen ohne Linie). Die schwachen Nebenlaute von a und u, e und o werden ebenso bezeichnet; der Anlaut wird indessen ohne Druck geschrieben, während zur Bezeichnung der Inlaute a und u der Anlaut stark gemacht wird. Die Bezeichnung der Umlaute unterscheidet sich von der ihrer Grundlaute dadurch, daß Anlaut und Auslaut weiter auseinandergestellt werden:

---

*) Mir wurde einmal ein Knabe von 8 Jahren zugeführt, der bei sonst guten Fortschritten stets schlechte Zeugnisse seines Schreiblehrers erhielt. Ich ließ denselben an sechs aufeinanderfolgenden Tagen je eine Stunde stenographische Wortbilder schreiben, ohne daß er deren Bedeutung kannte. Gar bald erhielt er bessere Zeugnisse seines Schreiblehrers, welcher von der vorgenommenen Uebung keine Ahnung hatte. Laßt Euch, Ihr Schreiblehrer, dies einen Wink sein; laßt nicht die ganze Klasse laut zählend: Ruck eins zwei drei, ruck eins zwei u. s. w. Alphabete schmieren, während Ihr unterdessen Nebenarbeiten verrichtet, wie mein ehemaliger Schreiblehrer, der Federn schnitt und nur zuweilen durch Klopfen mit seinem Federmesser nachhalf, wenn das Tempo ihm zu langsam schien!

ring, zwiſt, wild, rang, kampf, wald, reh, blech, held, ruh, gruß, wulſt, roh, greb, hold, kämpfſt, grüß, ſtör. (XI. 1).

Es wird alſo eine Stufe über der gezogenen Linie (a=Linie) eine zweite Linie, auf welcher die Stammſilben mit dem Inlaut i (i=Linie), und eine Stufe unter der gezogenen eine dritte Linie gedacht, auf welcher die Stammſilben mit den Inlauten u, o, ü und ö (u=Linie) ſtehen.

Der Inlaut ei wird als Umlaut von e bezeichnet; die Conſonanten ſtehen alſo mit weiter Verbindung auf der Linie und der Anlaut erhält keine Verſtärkung.

Zur Bezeichnung der Inlaute au, eu und äu ſteht der Anlaut auf, der Auslaut unter der a=Linie.

Die Stammſilben mit dem ſelten vorkommenden Inlaute ai ſtehen über der Linie, Anlaut ſtark, weite Verbindung:

bleich, reiz, reizt, laut, braun, fault, leut, kreuz, ſeufzt, ſchäumt, laib (XI. 2).

Jeder Inlaut wird demnach auf andere und immer nur in derſelben Weiſe*) bezeichnet, wie das ohne weitere Erklärung verſtändliche Schema auf Tafel XI. klar zeigt.

Vergleichen Sie, hochverehrter Herr Director! hiermit die ſchwerfällige und dabei doch ungenügende Bezeichnung der Vocale bei Gabelsberger (Brief 5), ſo werden Sie von der Einfachheit der Stolze'ſchen Vocalbezeichnung überraſcht ſein. Ich hätte für die Bezeichnung jedes Vocals nur ein Beiſpiel zu geben brauchen, wenn ich nicht zu gleicher Zeit die Anwendung des im vorigen Briefe Gelernten zeigen wollte. Weitere Beiſpiele finden ſich auf den Tafeln II., III. und IV. zur Vergleichung mit den entſprechenden in Gabelsberger'ſcher Schrift. Während die zur Gabelsberger'ſchen Vocalbezeichnung auf den eben genannten drei Tafeln gegebenen Beiſpiele bei Weitem nicht ausreichend ſind, um in jeder geſchloſſenen Stammſilbe den Vocal richtig bezeichnen zu können, während dort das Gedächtniß mit vielen Specialitäten belaſtet wird, ſind die wenigen Beiſpiele auf Tafel XI. für die Stolze'ſche Schrift vollkommen genügend, um nach ihnen in jeder geſchloſſenen Stammſilbe den Vocal richtig bezeichnen zu können.

Lautet die Stammſilbe mit einem Vocal an, ſo wird dieſer buchſtäblich bezeichnet, außer i, e und o, welche durch Stellung des Auslauts auf die i=, a= oder u=Linie unter Voraufgehung eines kurzen Anſtrichs, und außer ei und ö, welche gleichfalls durch Stellung des

---

*) Die Gabelsberger'ſche Schrift dagegen bezeichnet e z. B. auf neun verſchieden Weiſen. (S. 21). Andererſeits unterſcheidet ſie oft nicht ü von i, eu von ei u. ſ. w.

Auslauts aber unter Voraufgehung eines langen Anstrichs bezeichnet werden:

„Und köpfst Du „scherz, leid, hoffen, stör“
„So hast Du „erz, eid, offen, ör“

sagt Winter in seiner stenographischen Fibel.

irr, eng, end, erz, or, obst, ochs, eis, eid, ör, as, ass, aß, ächzt, ur, aug, eul. (XI. 3).

Die vocalischen Auslaute werden buchstäblich, von den Doppellauten ai, oi und ui der erste Vocal bildlich, der zweite buchstäblich bezeichnet:

blau, grau, frei, heu, treu, see, thee, knie, mai, pfui (XI. 4).

Ausgenommen von dieser Art der Bezeichnung der vocalischen Auslaute sind folgende Wörter:

da, die, du, ha, ja, je, wie, wo, zwie, zwei, drei (XI. 5).

Zusammengesetzte Wörter bestehen aus so vielen Theilen, als Stammsilben in denselben enthalten sind. Die einzelnen Theile werden unverbunden, wenn es bequem geschehen kann auch verbunden, dicht aneinandergestellt. Beispiele hierzu auf Tafel V. 1—5.

Die Gegner der Stolze'schen Schrift pflegen derselben den Vorwurf zu machen, daß dieselbe zur Vocalbezeichnung dreier Linien bedarf, einer gezogenen und zweier gedachten. Abgesehen davon, daß beim geübten Stenographen diese drei Linien von selbst sehr nahe aneinander rücken, indem es ja nur einer Andeutung der verschiedenen Stellung bedarf, kann die Gabelsberger'sche Schrift, welche der Stolze'schen hauptsächlich entgegentritt, sich nicht etwa der Einzeiligkeit rühmen. Bei ihr verlangen schon die Consonanten eine verschiedene Stellung zur Linie. Ich habe Beispiele vorgeführt. welche ganz (nach Stolze'scher Bezeichnungsweise 2½ Stufen) unter der Linie stehen; es sind schon Zeichen vorgekommen, die isolirt über der Linie stehen und es werden bei den höheren Kürzungen sich deren noch viele einstellen; es sind sogar schon Wortbilder an Ihnen, verehrtester Herr Director! vorübergegangen, welche, durch die ganze Zeilenentfernung (6 Stufen) reichend, jeder Schriftlinie spotten.

Es wäre allerdings ein großer Fortschritt, wenn es gelänge, eine einzeilige Stenographie zu erfinden. Wer aber zeigt den Weg? Bis dieser gefunden, müssen wir zu den vielen Vorzügen der Stolze'schen Schrift diesen Nachtheil mit in den Kauf nehmen — ein Nachtheil, der bei näherer Betrachtung weit geringer ist, als er dem Anfänger erscheinen mag — ein Nachtheil, der um so geringer ins Gewicht fällt, als doch die meisten Wörter auf der Schriftlinie stehen, indem die

Stämme mit a und au und mit deren Nebenvocalen und Umlauten die große Mehrzahl in der deutschen Sprache bilden.

Ferner scheut sich die Gabelsberger'sche Schule nicht, Stolze den Vorwurf zu machen, daß er starke und schwache Buchstaben habe, und doch weist die Gabelsberger'sche Schrift deren ebenfalls auf, sie hat sogar schon an sich beschattete Buchstaben. Andrerseits hat Herr Regierungsrath Häpe entdeckt, die Klage darüber sei allgemein, daß ganze Wörter nur in Haarstrichen geschrieben werden müßten und diese das Auge zu sehr anstrengten*). Die Unhaltbarkeit eines solchen Vorwurfs leuchtet Jedem ein, der die Stolze'sche Schrift aufmerksam betrachtet. Es wäre zu wünschen, daß Herr Häpe beim Studium der Stolze'schen Schrift wirklich seine Augen mehr angestrengt hätte, er würde dann vielleicht vor vielen irrigen Meinungen bewahrt geblieben sein.

Die Gabelsberger'sche Schrift muthet dem Schreiber zu, viel dünnere Striche zu machen, als in der Stolze'schen Schrift vorkommen, z. B. t und f, welche selbst von oben nach unten gehend „schattenlose, gerade, feine Linien“ sein sollen. Man vergleiche nur im Rätzsch'en Lehrbuche die Tafeln 14, 25—28; da müssen die Augen wahrhaft Spießruthen laufen! Man studire seine circa 2000 Beispiele zu den fremden Vorsilben und Nachsilben, man lese die letzten Tafeln seines Lehrbuchs, und man wird wissen, ob die Barbarismen der Gabelsberger'schen Kalligraphie dem Auge wohlthun oder nicht. Man halte dagegen die schlecht geschriebenste Zeitschrift Stolze'scher Schule, so wird man von dieser nach der eben ausgestandenen Pein angenehm überrascht sein. Merkwürdig, daß die Gabelsberger'sche Schule so gern von fremden Splittern redet und eigne Balken nicht sieht!

Die Orthographie der Stolze'schen Stenographie ist eine durchaus rationelle. Von der Beobachtung ausgehend, daß — wenige Fälle ausgenommen — in den deutschen Stammsilben mit mehrfachem Auslaut der Vocal kurz (geschärft), in Stammsilben dagegen mit einfachem Auslaut der Vocal lang ist, verwirft Stolze alle Dehnungslaute als überflüssig:

lam, lamm, son, sonn, schal, schall, rot, rott, lib, hib, rim. (XI. 6).

Nur in Namen, deren einmal angenommene Orthographie beibehalten werden muß, werden auch die Dehnungszeichen bezeichnet.

*) Häpe, die Stenographie als Unterrichtsgegenstand, Seite 82. Auch Eggers „die Stenographie in den Schulen“ will denselben Nachtheil gefunden haben; doch übergehe ich letztere Schrift, weil sie noch weniger einer Kritik würdig ist. Man vergleiche nur die Abhandlung von Phöbus in der deutschen Vierteljahrsschrift, 1856, Heft 4 mit dem, was Eggers darüber sagt.

Consequenter Weise läßt die Stolze'sche Stenographie auf langen Vocal den einfachen Laut ß, dagegen auf kurzen Vocal den Doppelconsonanten ss folgen, und hofft, daß dieser praktische Standpunkt, auf welchen sie sich in der so verschieden aufgefaßten Anwendung des ß gestellt hat, auch in der gewöhnlichen Schrift mit der Zeit durchgreifen werde:

schoß, schoss, vergiß, vergiss, vergißt, vergisst. (XI. 7.)

Im Uebrigen schließt sich die Stolze'sche Stenographie genau der gebräuchlichen Orthographie an. Sie zeigt in ihrer Orthographie einen so entschiedenen Vorsprung vor der systemlosen, nur durch Zufälligkeiten bedingten Gabelsberger-Stenographen-Orthographie, daß dieser ohne allen Zweifel schon allein hinreicht, ihr einen unbestreitbaren Vorzug zuzusprechen, wo es sich um Einführung der Stenographie in die Schulen handelt.

Elfter Brief.

Die deutschen Affixe bei Stolze.

Die Stenographie kann nicht für jeden Laut einen Buchstaben setzen, wohl aber muß sie durch ihre Bezeichnung für den Laut der Wörter vollständig einstehen.

Stolze.

Die **Suffixe** schließen sich da an, wo der letzte Buchstabe des Stammes aufgehört hat, nach aufwärts gezogenem l also oben.

Die Endungen mit dem Vocal a werden durch den starken consonantischen Anlaut der Endung bezeichnet, weil der consonantische Anlaut das gemeinsame Merkmal der gebräuchlichsten unter ihnen ist. Wenn also auf einen Stamm ein starkes b folgt, bedeutet dies eine Endung mit dem Vocal a, welche mit b anlautet, also die Endung bar. Die seltener vorkommenden Endungen, welche mit a anlauten, werden ausführlich bezeichnet. Zu bemerken ist nur noch, daß, während in den zusammengesetzten Endungen enbar und enhaft für en die Wellenlinie (das Urzeichen für n) steht, für die Endung enschaft ein besonderes Zeichen, nämlich nsch, eingeführt ist, und daß für die von sal abgeleitete Endung selig das schwache Zeichen der Endung sal steht: lesbar, haltbar, offenbart, sorgfalt, lebhaft, lügenhaft, erbschaft, botschaft, rechenschaft, trübsal, trübselig, mühsam, behutsam, heiland, eidam, monat. (XI. 8.)

Die Endungen mit i werden der Mehrzahl nach durch ihren schwachen consonantischen Auslaut bezeichnet, der ihr gemeinsames Merkmal bildet. Abweichend sind die Zeichen nur der Endungen in und ling (davon abgeleitet lings) und die Endungen ich, icht, rich und erich, in welchen letzteren das i buchstäblich geschrieben wird. Ferner sind die zusammengesetzten Endungen igkeit, igung, lichkeit und lichung durch ein einfaches Zeichen, nämlich durch das starke g und ch bezeichnet, welches bei igung und lichung tiefer als der Auslaut des Stammes gesetzt wird: würdig, billigt, blutig, würdigkeit, würdigung, weichlich, weichlichkeit, verweichlichung, zeugniß, heimisch, messing, freundin, dichterinnen, hänfling, blindlings, teppich, kericht, fänrich, täuberich. (XI. 9.)

Die Endungen mit u werden bezeichnet durch ihren starken consonantischen Auslaut, welcher tiefer steht als das vorhergehende Zeichen. Die einfache Bezeichnung der zusammengesetzten Endungen erung und enthum wird dadurch bewirkt, daß man die Zeichen für ung und thum auf gleicher Schrifthöhe mit dem letzten Zeichen des Stammes beläßt: waldung, haltung, wanderung, reichthum, irrthümlich, fürstenthum, eigenthümlichkeit, armut. (IX. 10.)

Die Endungen heit und keit (verschiedene Formen derselben Endung) werden bezeichnet durch einen schräg liegenden Bindestrich von vierfacher Länge; enheit durch einen Strich von gleicher Länge, aber parallel der Schriftlinie. Die Mehrheit dieser Endungen wird gebildet, indem man diesem langen Strich die Form des n giebt. Die Endung ei wird durch das alphabetische Zeichen für ei bezeichnet, während in den übrigen Endungen mit ei das ei durch den langen Bindestrich vertreten wird: frechheit, freiheits, krankheiten, fruchtbarkeit, kostbarkeiten, eigenheit, eigenheiten, abtei, försterei, lämmlein, fräulein. (XI. 11.)

Von den Endungen mit dem Vocal e sind zu merken: e, en, em und es, bezeichnet durch die Nebenformen von e, n, m und gestrecktem s. (Nach aufwärts gezogenen Zeichen wird e buchstäblich ausgedrückt.) Ferner sind zu beachten: chen und sel. Von den übrigen Endungen mit e werden die Consonanten geschrieben, und diese mit kurzem oder nach aufwärts gezogenem t ohne Bindestrich mit dem Stamme oder dem vorhergehenden Zeichen verbunden: rede, wache, leite, säue, richten, biten, odem, festes, zartes, bäumchen, gärtchens, häcksel, rätsel, lebens, handel, tadelst, handelnd, bibel, jäger, dichter, heber, goldner, goldener, munterer, muntrer, lebend, leitend, redet, richtet, richtetet, schweigest, schweigst, wartest. (XI. 12.)

Zu merken ist, daß, wenn die Endungen en, em und es auf die Auslaute au und eu folgen, ihre Zeichen benutzt werden, den Vocal bildlich zu bezeichnen; ferner, daß unmittelbar nach den Doppellauten au, eu, ei und äu kein r stehen kann (wenn diesem nicht wieder ein Vocal folgt), sondern daß ein e eintreten muß und deshalb dies e nicht besonders bezeichnet wird: neuen, treuen, frauen, neuem, treuem, neues, graues, neuer, feuer, grauer, trauer, feier, freier. (XI. 13.)

Von anderen deutschen Suffixen sind noch einige Ausgänge von Adverbien und Zahlwörtern zu erwähnen, welche ich durch einige Beispiele erläutere. Es ist dabei nicht zu übersehen, daß, wenn auch maßen und mal dasselbe Zeichen haben, dieselben doch nicht verwechselt werden können, indem ersteres nur auf er folgt, und letzteres sich nur an Zahlwörter anschließt:

neuerdings, platterdings, oftmals, einstmals, damals, einigermaßen, zweierlei, mererlei, einfach, merfach, einigemal, sechsmal, neunzehn, neunzig. (XI. 14.)

Die Wörter voll, los und um können auch als Suffixe angeschlossen werden und stehen dann tiefer als das vorhergehende Zeichen*): zwanglos, erenvoll, ringsum. (XI. 15.)

Die **Präfixe** verbindet Stolze auf die ungezwungenste, natürlichste Weise mit dem Stamme. Wenn das Zeichen des Präfixes nicht schon durch seine Gestalt als solches hervortritt, so wird es doch jedenfalls durch seine Stellung zum Stamme als solches ausgezeichnet, so daß es niemals für den Anlaut gehalten werden kann. Hierdurch unterscheidet sich die Stolze'sche Schrift wesentlich und zu ihrem großen Vortheil von der Gabelsberger'schen. (siehe Seite 36.)

1. Die deutschen Vorsilben. Die Vorsilben be und ge werden bezeichnet durch das einstufige b und g: behältniß, gedächtniß, beladen, gelübde. (XI. 16.)

Die Vorsilben ver und er bezeichnet der Anlaut derselben, v und e: verhältniß, verderbt, erklärung, erlaubniß. (XI. 17.)

ent wird durch die Hauptform des n vertreten. In Antwort und Antlitz ist diese Vorsilbe in ant und vor den Stämmen fang, fehl und find in emp übergegangen: entschluß, entsetzen, enterbung, enteilt, beantworten, antlitz, empfangen, empfelen, empfinden. (XI. 18.)

un wird durch den starken und miss durch den schwachen Auslaut der Vorsilbe bezeichnet: unheil, unlieb, mißtrauen, mißlibig, mißverständniß. (XI. 19.)

---

*) Herrn Häpe scheint das unbekannt zu sein! Siehe Tafel 18: „Die Stenographie als Unterrichtsgegenstand."

zer bezeichnet das einstufige z mit dem eingeschlungenen r; ur und erz sind ausführlich geschrieben: zertrennen, unzerstörbar, zerreißen, urkunde, urlaub, erzschelm, erzengel. (XI. 20.)

2. Präpositionen. an, auf, in, ob und über werden durch den vocalischen Anlaut bezeichnet: anfangen, anlanden, auffassung, aufrichtig, inhalt, inwendig, obdach, obligenheit, übermacht, überwältigt. (XII. 1.)

für, gegen, mit, nach, neben, vor und zu werden durch ihren consonantischen Anlaut bezeichnet. gegen erhält ein starkes Zeichen zur Erinnerung an die beiden g: fürsorge, gegenstand, gegenwärtig, entgegeneilen, mitleid, nachstellung, nacheilen, nebensonne, vorstand, vorlaut, zufall, zulauf. (XII. 2.)

bei, hinter, wider, zuwider werden durch den Anlaut in Verbindung mit einem zweiten Element bezeichnet: beistand, beibehalten, hinterthür, hinterlist, widerwärtig, widerrechtlich, zuwiderhandeln, zuwiderlaufen. (XII. 3.)

aus, ausser, durch, ohn, unter, um, zwischen bezeichnet der consonantische Auslaut allein oder in Verbindung mit der Endung: ausreden, ausrichten, durchschlagen, durchlaufen, onmacht, unterredung, unterhaltung, umständlichkeit, umlauf, zwischenraum, zwischenhändler. (XII. 4.)

3. Auch die auf Tafel XII. 5. aufgeführten Adverbien und die Begriffswörter will, wol und zwie werden in derselben Weise wie die vorstehenden Präfixe mit dem Stamme verbunden.

Beispiele zu den Präfixen und Endungen finden sich außerdem auf den Tafeln V. VI. und VII.

Zwölfter Brief.

Stolze's Abkürzungen (Sigel).

> Die Sigel sind keine Schwäche, sondern eine Stärke der Stolze'schen Schrift: sie befähigen dieselbe, kurz und doch zuverlässig zu bezeichnen.

Die Abkürzungen der Stolze'schen Stenographie sind **feststehende;** jede Abkürzung hat nur **eine** bestimmte Bedeutung, keine ist zweideutig.

Indem Stolze im einzelnen Worte, wie ich in meinem vorigen Briefe zeigte, die untergeordneten Theile, das sind die Affixe, abkürzt (Silbensigel), muß er durch Uebertragung dieses Princips auf den Satz, in diesem auch hauptsächlich das Untergeordnete, das sind die

Formwörter, abkürzen, und diese Abkürzungen bilden einen wesentlichen untrennbaren Theil des Systems. Die Abkürzung von 515*) Begriffswörtern gehört weniger eng zum System; wer diese Wörter ausschreibt, verstößt nicht gegen den Geist desselben. Es sind diese Abkürzungen aber nöthig, um der Schrift die Kürze zu geben, welche zur wortgetreuen Nachschrift einer Rede erforderlich ist. Wie war es aber möglich, daß 515 Abkürzungen für Begriffswörter genügten, ein solches Ziel zu erreichen? Dadurch, daß diese 515 Abkürzungen **Stämme frequenter Begriffswörter** bezeichnen, aus welchen durch Anfügung von Affixen eine große Menge anderer, häufig wiederkehrender Wörter gebildet werden. Solche Stammsigel werden fast stets durch ihren consonantischen Anlaut in der Stellung und Stärke gebildet, welche derselbe bei vollständiger Bezeichnung haben würde. Weil der consonantische Anlaut wegen seiner Unwandelbarkeit gewissermaßen der Träger des Begriffs ist, so liegt es ganz in der Natur der Sache, daß gerade er zur Abkürzung von Begriffswörtern, welche „den Stoff und Inhalt des Gedankens ausdrücken," benutzt wird, während die untergeordneteren Elemente der Silbe zur Abkürzung der untergeordneteren Satztheile, der Formwörter, dienen, ohne indessen bei diesen die Anwendung des consonantischen Anlautes auszuschließen.

Die Gegner des Stolze'schen Systems haben viel gesalbadert über die Schwierigkeit der Erlernung der Sigel. Die Erfahrung hat aber das, was Stolze darüber sagt, durchaus bestätigt: „Das Aneignen der Sigel ist mehr Sache des Verstandes und der Übung als des Gedächtnisses."

Hätten die Gegner des Stolze'schen Systems, statt sich die fruchtlose Mühe des Zählens der Stolze'schen Sigel zu machen, diese lieber sich näher angesehen und sich anzueignen versucht, so hätte manches Blatt Papier von ihnen nützlicher verwendet werden können.

Häpe rechnet auf Seite 128 seines mehrfach erwähnten Werkes 2224 Stolze'sche Sigel heraus, auf Seite 144 hat er dagegen in Stolze's vollständigem Verzeichniß der Wortsigel deren 828 gezählt. Sollen die übrigen 1396 sämmtlich Silbensigel sein? Wo sollten wohl die Silben dazu herkommen!

Das Verständniß der Zahl 2224 findet sich einfach so: Häpe hat in seinem Eifer, eine möglichst hohe Zahl herauszurechnen, übersehen, daß er weit mehr Sigel doppelt zählte als 112, wie er angiebt, daß

---

*) Ich nehme an, daß sich Häpe a. a. O. Seite 144 nicht verzählt hat.

er ferner die Ungerechtigkeit beging, ausgeschriebene Endungen und Präfixe zu den Sigeln zu rechnen.

Stolze's Wortsigelverzeichniß in seinem „Lehrgange" ist vollständig, es ist sogar übervollständig, denn es werden darin beispielsweise viele zusammengesetzte Formwörter mit aufgeführt. Wer aber einmal gelernt hat, wie „all" und „da" abgekürzt wird, der hat „allda" nicht als ein neues Sigel aufzufassen, und wer die Abkürzung für „konnt" sich angeeignet hat, kann sofort nach den Regeln der Vocalbezeichnung „könnt" bilden, ohne darin etwa wieder ein besonderes Sigel zu sehen. Ziehen wir die Sigel ab, welche sich als unmittelbare Ableitungen von schon erlernten Sigeln von selbst ergeben, so bleibt die bescheidene Zahl von 580, und dazu etwa 200 Silbensigel gerechnet, giebt in Summa 780. In dieser Zahl sind aber immer noch Bezeichnungen inbegriffen, welche eigentliches Bürgerrecht als Sigel gar nicht beanspruchen können, z. B. die auf Tafel XI. 5 angeführten Wörter.

Häpe's Zahl beruht demnach auf etwa dreifacher Übertreibung und mit dieser seiner übertriebenen Zahl steht und fällt sein Angriff auf das Stolze'sche System. Alles Übrige in seinem Werke „Die Stenographie als Unterrichtsgegenstand" ist nur der Goldschaum, mit welchem dieser den Gabelsbergern süßeste Kern überzogen ist; es ist nur die Schminke, welche der kranken Geburt ein angenehmes Äußere verschaffen und den Charakter einer Parteischrift verdecken soll.

Doch angenommen, Häpe's Zahl wäre richtig, angenommen selbst, die Zahl der Sigel wäre doppelt so groß, die Stolze'sche Schrift würde noch immer der Gabelsberger'schen bei Weitem vorzuziehen sein, welche die Aneignung von etwa 4000 eigenthümlich geschriebener (nicht aus den Regeln unmittelbar hervorgehender Wortbilder verlangt, und als Ersatz für diese Mühe uns beschenkt — mit der Gabelsberger Stenographen-Orthographie, mit einer mißgestalteten Kalligraphie, mit einer bedauerlichen Ungenauigkeit und der damit nothwendig zusammenhängenden Unzuverlässigkeit.

Nun liegt die Sigelangelegenheit für die Stolze'sche Stenographie aber noch viel günstiger. Die 780 Sigel des Stolze'schen Systems schrumpfen für den noch bedeutend zusammen, der sich nicht darauf steift, dieselben sinnlos auswendig lernen zu wollen, sondern bei ihrer Aneignung seinen Verstand anwendet und den Reflexionen nachgeht, welche bei ihrer Auswahl obgewaltet haben. So sind z. B. die ablautenden Formen eines Verbums ebenfalls Sigel, wenn der Stamm durch ein Sigel bezeichnet wird. Also: bleib, blieb — bring, bracht — bring, brang, brung — fließ, floß, fluß — gleich, glich — greif, griff — komm, kam, kunst — preis, pries — pfleg, pflog, pflicht — quell, quill, quoll — schein, schien — schneid, schnitt — schreib, schrieb, schrift — schwor, schwur — sprech, sprach, sprich, sproch, spruch — streit, stritt — trag, trug — treib, trieb, trift — thu, that, gethan — zieh, zog, zug. Sie werden sämmtlich durch ihren vollständigen consonantischen Anlaut bezeichnet.

Jeder, der denken gelernt hat, wird diese 52 Abkürzungen für 20 Zeitwörter nur eben als 20 verschiedene Stammsigel sich zu merken haben. Ihr häufiges Vorkommen fördert nicht nur in entschiedener Weise die Kürze der Schrift (und jeder Unbefangene wird daher der glücklichen Idee Stolze's, Stammsigel aufzustellen, volle Anerkennung zollen), sondern bürgt auch dafür, daß sie leicht — spielend, möchte ich sagen — durch den Gebrauch erlernt und nicht wieder vergessen werden.

Außer dem eben hier angeführten sind noch andere Principe bei der Auswahl der Sigel zur Anwendung gekommen, welche die Aneignung ebenfalls erleichtern; jedoch ist immer die Frequenz als Hauptrichtschnur festgehalten und dabei auf keine einzelne Disciplin Rücksicht genommen, etwa wie dies die Gabelsberger'sche Schule thut, welche besondere Stenographien für einzelne Berufsstände (z. B. „der Militair-Stenograph") erscheinen läßt.

Es liegt nicht in meiner Absicht, die 580 Wortsigel hier einzeln aufzuführen; ich begnüge mich damit, die wichtigsten von denjenigen folgen zu lassen, welche einen unveräußerlichen Theil des Systems bilden. Wegen der Silbensigel verweise ich auf den vorigen und folgenden Brief.

Die Endungen, welche ein Stammsigel annimmt, werden, wenn ihr Zeichen einen Auslaut bedeuten könnte, etwas höher gestellt, diejenigen selbstverständlich ausgenommen, welche tiefer als der Stamm stehen, wie ung:

theilen, theiler, theilhaft, betheiligung; sprache, gespräch, sprachlich, gesprächig, bilden, bilder, bildung. (XII. 6.)

1. Artikel. Die verschiedenen Formen des Artikels, außer „die", werden durch ihren consonantischen Auslaut bezeichnet. Das Zeichen für „ein" (vollständig ausgeschrieben) ist schräg ansteigend zum Unterschiede von dem Zahlwort und dem Adverb „ein". Nimmt dieser Stamm eine Endung an, so wird der ansteigende Zug nicht geschlängelt, sondern gerade gemacht:

der, die, das, des, dem, den, ein, einer, eine, eines, einem, einen. (XII. 7.)

Die Artikel werden mit dem ihnen folgenden Substantiv oder Adjectiv wie Präfixe verbunden:

der befehl, der apfel, der mut, der unfall, der weise, die frage, die rose, die ere, das salz, das lob, das ende, des gärtners fleiß, dem richter, den knaben, ein kenner, ein adler, eine lebensfrage, eine lustige gesellschaft, eines leidenschaftlichen unbesonnenheit, einer guten that, einem jäger, einen antrag, einen esel. (XII. 8.)

2. Die Präpositionen, und zwar diejenigen, welche Tafel XII. 1—4 in Verbindung mit Begriffswörtern vorgeführt sind und denen hier noch „von" und „gen" hinzuzufügen ist, verbinden sich mit dem regierten Casus, und zwar werden sie mittelst Bindestriches verbunden, wenn der Artikel vorhanden ist, aber nur dicht vorgesetzt, wenn dieser nicht vorhanden ist:

an der küste, an das land, auf der jagd, durch den garten, hinter dem berge, ohne die mutter, unter einer herrschaft, von den feinden, gen osten, auf reisen, außer zweifel, in begriff, mit verstand, von tage zu tage. (XII. 9.)

Consequenter Weise sind die Zusammenziehungen aus Präposition und Artikel (Klebwörter) ebenfalls Präfixe:

aufs neue, ans land, beim wort, vorm thore, übern kopf. (XII. 10.)

3. Die Hülfszeitwörter stehen sämmtlich ohne Rücksicht auf ihren Vocal über der Linie:

a. hab, hast, hat (hatt), hätt, gehabt, zu haben.
b. bin, bist, ist, sind, sei, sein, war, wär, gewesen, zu sein.
c. werd, wirst, wird, ward, worden, wurd, würd, geworden, zu werden.
d. darf, dürf, dürfen, durft, dürft.
e. kann, könn, können, konnt, könnt.
f. mag, mög, mögen, mocht, möcht.
g. laß, ließ; muß, müß.
h. woll, will, willst. soll. (XII. 11.)

4. Die Pronomina werden niemals mit andern Wörtern verbunden:

ich, mein, mir, mich, wir, uns, unser; du, dein, dir, dich, ihr, euch, euer; er, sein, ihm, ihn, sie, ihnen, sich. (XII. 12.)

deß, dies; jener, jene, jenes; derjenige, diejenige, dasjenige; derselbe, dieselbe, dasselbe; solch, solcher; selbst, selber. (XII. 13.)

wer, was, wem, wen, welch. (XII. 14.)

man, jederman, jemand, nimand. (XII. 15.)

5. Zahlwörter. a. bestimmte:

vier, fünf, acht, zwölf, zwanzig, hundert, tausend. (XII. 16.)

Die übrigen bestimmten Zahlwörter werden ausgeschrieben. Die Bildung der zusammengesetzten siehe XI. 14 die beiden letzten Beispiele und IX. 20.

b. unbestimmte:

ander, andre, doppelt, keiner, jeder, jedweder, jeglicher, etliche, alle, mancher, viel, wenig, mehr, ganz, irgendein, etwas, nichts, genug. (XII. 17.)

6. Die zusammengesetzten Formwörter werden nach einfachen Regeln gebildet, welche darauf Rücksicht nehmen, ob die einzelnen Theile anderweitig als Affixe gebraucht werden oder nicht. Sind nämlich beide Theile Nicht-Affixe, so bleibt jeder auf seiner Stelle: alsbald, sobald, sodann, woselbst u. s. w. (XIII. 1.)

Ist der eine Theil Affix, der andere nicht, so bestimmt das Nicht-Affix die Stellung zur Linie und das Affix wird als solches dem Nicht-Affix angeschlossen: anstatt, fortwärend, obgleich, überall, allein, dabei, immerfort, wogegen u. s. w. (XIII. 2.)

Sind beide Theile Affixe, so bestimmt, wenn sie gleich groß sind, der erstere, wenn sie von verschiedener Größe sind, der größere die Stellung zur Linie und der andere Theil wird als Affix verbunden: hernach, herunter, hinab, mitunter, überaus, anheim, einher, heraus, hinan u. s. w. (XIII. 3.)

Von diesen Regeln giebt es einige (36) Ausnahmen, welche ich hier übergehe, da ich das Stolze'sche System absichtlich nicht durch größere Ausführlichkeit in der Darstellung dem Gabelsberger'schen vorziehen will. Unabsichtlich ist dies freilich schon insofern geschehen, als ich die einfachen und ausnahmslosen Regeln der Vocalbezeichnung Stolze's nicht verkürzen konnte.

Dreizehnter Brief.

Fremdwörter bei Stolze und Schriftprobe.

> Die Darstellung der Fremdwörter, auf die Etymologie gegründet, giebt einen glänzenden Beweis des Scharfsinns und der Harmonie im Stolze'schen System.
>
> Wilhelm Cramer, „Die Stenographie und die Schule".*)

Die Wortbilder der Fremdwörter bauen sich in derselben Weise auf, wie die deutschen Wortbilder.

In der Hauptsilbe (die erste Silbe des Wortes oder die erste nach den Präfixen) wird der Vocal ebenso wie in der deutschen Stammsilbe bezeichnet. Zur Bezeichnung der Vocale in den Nebensilben wird das bei einigen deutschen Endungen schon zur Anwendung gekommene Princip weiter ausgeführt. Dort wurde das e in der Nebensilbe, wenn diese mit e anlautet, durch den kurzen Bindestrich, das ei durch den

*) Bericht über das Gymnasium in Bielefeld. 1868.

langen Bindestrich, das i in der Endung in durch Höherstellung des schwachen Auslauts und das u in uth und ung durch Tieferstellung des starken Auslauts bezeichnet. Die Bezeichnung dieser Vocale geschieht in den Nebensilben der Fremdwörter in derselben Weise — und indem das Princip auf die Vocale o, ö, ü und ie ausgedehnt wird, bezeichnet der schwache, tiefergestellte Auslaut der Nebensilbe das o; der mit weiter Verbindung tiefer gestellte schwache Auslaut das ö und der starke, ebenso gestellt, das ü; der mit weiter Verbindung höher gestellte Auslaut das ie:

lebend: kalender. oheim: madeira. freundin: maxime, marschiren. wermuth: minute, lagune, pistole, bischof, london, komödie, calcül, broschüre, spanien, gallier, species, speciell, orient. (XIII. 4.)

Das a in der Nebensilbe kann zuweilen bildlich bezeichnet werden, nämlich dann, wenn der dem a vorhergehende oder nachfolgende Consonant ein mehrfacher ist; es bezeichnet dann der starke **Vorlaut** ein **vorhergehendes**, der starke **Nachlaut** ein **nachfolgendes** a. Auch wird der Druck derjenigen Consonanten, welche nicht verdoppelt werden, zur Bezeichnung des folgenden a verwendet: soldat, cocarde, sahara, dechant, octav, lava. (XIII. 5.)

Für die Verbindung der **Consonanten** gelten dieselben Regeln, wie in deutschen Wörtern. Der sanfte Zischlaut wird durch das einstufige sch (im Auslaut mit einer Schleife beginnend) bezeichnet:

jargon, girandole, jongleur, bijou, sergeant. (XIII. 6.)

Die **fremden Präfixe** werden nach Art der deutschen gebildet und mit dem Stamme verbunden. Sie sind ebenfalls wie die deutschen durch ihre Stellung sofort als Präfixe erkennbar. Es ist hier namentlich auf die griechischen, lateinischen und französischen Präpositionen Rücksicht genommen. Wenn sich der Endconsonant des Präfixes dem Anlaut der Hauptsilbe assimilirt, so können die dadurch entstehenden verschiedenen Formen desselben Präfixes doch durch dasselbe Zeichen ausgedrückt werden, wie dies schon bei den mehrfachen Formen der deutschen Vorsilbe ent der Fall ist, indem dann der Anlaut der Hauptsilbe die Form des Präfixes bedingt. Es bedarf nur einiger Sprachkenntniß, um dieselbe sofort richtig zu erkennen. Wem aber die wenige hierfür genügende Sprachkenntniß abgehen sollte, der findet durch Anwendung dieses Princips zugleich Gelegenheit, die Fremdwörter seinem Verständniß näher zu rücken. Nach dieser Vorbemerkung werden die folgenden Beispiele verständlich sein.

in, ob werden wie die gleichlautenden deutschen Präpositionen bezeichnet: inactiv, incliniren, inhibiren, immediat, imposant, illuminiren, irritiren, ignoriren; obstinat, occident, offensiv, opponiren. (XIII. 7.)

sub wird durch den starken, syn durch den schwachen Anlaut bezeichnet: substanz, submarin, successiv, suggestiv, supplement, synkope, symbol, syllabiren, system. (XIII. 8.)

para, per, poly, prae, pro. In den fremden Präfixen, welche mit p anfangen, wird für p das einstufige Zeichen, welches sonst b bedeutet, gesetzt*): parador, permanent, polygon, polytechnisch, präsident, professor, provinz. (XIII. 9.)

Fernere Beispiele für diese und andere Präfixe finden sich auf Tafel VIII. in Gegenüberstellung der Gabelsberger'schen Schrift. Man wird nicht leugnen können, daß auch in Fremdwörtern die Stolze'sche Schrift bedeutend klarer, der Etymologie entsprechender und vollständiger bezeichnet, als die Gabelsberger'sche.

Für häufig vorkommende Endsilben der Fremdwörter sind ebenfalls Abkürzungen (Silbensigel) eingeführt, und lasse ich davon nur einige Beispiele folgen: communion, dotation, definition, execution, calculator, debitor, moniteur, palast, atheist, chiliasmus, mechanismus, realistren, modificiren, facultät, facultativ, theologie, demokrat, orthographie. (XIII. 10.)

Endlich sind noch circa 100 Abkürzungen (namentlich Stammsigel) für Fremdwörter zu merken, welche in der früher angeführten Zahl von 780 Sigeln mit enthalten sind.

Nachdem der Schüler das System so weit erlernt hat, ist er, genügende mechanische Fertigkeit vorausgesetzt, im Stande, selbst dem schnellsten Redner wortgetreu zu folgen, wie dies oft genug praktisch erwiesen ist. Ich habe solche Nachschriften öfters als Leseübungen für Schüler benutzt, was gewiß unmöglich gewesen sein würde, wäre die Nachschrift nicht systemgetreu gewesen. Wollen Stenographen von Fach ihre Arbeit durch weitere Abkürzungen sich noch erleichtern, so geben ihnen die Principien des Systems vollständig und ausreichend Gelegenheit dazu; doch weist das System selbst weitere Abkürzungen als überflüssig von sich. Es könnte im Gegentheil vielleicht noch eine Anzahl

---

*) Es kann diese Bezeichnung nicht mißverstanden werden, da die Gestalt dieser Präfixe sich sehr deutlich von der Gestalt derjenigen deutschen unterscheidet, in welchen dasselbe Zeichen mit b übertragen wird. Wie bei dem Zeichen für den Nachlaut w, oder wie beim zweistufigen b, welches im Anlaut b, im Auslaut dagegen bt bedeutet, und andern, ist auch hier die Bedeutung des Zeichens von dem Zusammenhange mit andern Zeichen abhängig. Dagegen dürfte nichts einzuwenden sein. Dennoch, man sollte es kaum für möglich halten, überträgt Häpe Seite 151 seines Werkes p mit b! Sollte wirklich für die Sachsen das Bedürfniß einer handgreiflicheren Unterscheidung vorliegen?

von Stammsigeln aus dem System verbannt werden, ohne daß wesentlich an Kürze verloren würde. Doch wie kein Bedürfniß zu weiteren Abkürzungen vorliegt, so liegt auch keins zum Aufgeben von vorhandenen Abkürzungen vor. Weil nämlich die Aneignung der Sigel nach Bestätigung aller geübten Stolze'schen Stenographen nicht schwierig, jedenfalls aber nicht mechanische Gedächtnißsache ist, so würde durch das Aufgeben einiger Sigel die Erlernung des Systems durchaus nicht erleichtert werden. Es ist auch hier das richtige Maß innegehalten, denn wenn Stolze den ihm zu Gebote stehenden Apparat vollständig hätte ausnutzen wollen, so hätte er seine Sigel noch sehr beträchtlich vermehren können.

Den Angriffen der Gabelsberger'schen Schule gegen die Stolze'schen Sigel ist einfach entgegenzuhalten, daß, wenn die ganze Anlage des Gabelsberger'schen Systems eine correcte Sigelbildung gestattete, ohne Zweifel seine Anhänger den ausgedehntesten Gebrauch davon zu machen nicht anstehen und sich gewiß sehr viel darauf zu gut thun würden. Die Trauben sind hier also sauer. Wie mißlich übrigens die Ersatzmittel der Gabelsberger für die Sigel sind, werde ich in meinem nächsten Briefe zu zeigen Gelegenheit haben.

Ueberblicken wir das Stolze'sche System nochmals, so finden wir überall Klarheit, Consequenz, Natürlichkeit und enges Anschließen an die Etymologie und die Grammatik.

Auf Tafel XIII. gebe ich Ihnen noch, hochverehrter Herr Director! eine Schriftprobe in der Gabelsberger'schen und Stolze'schen Schrift und lasse hier die Übertragung zu beiden Schriften folgen, in welcher nicht buchstäblich bezeichnete Consonanten, die aber aus den Regeln der Schrift folgen, durch magere Lettern wiedergegeben sind. Die Präfixe sind höher gestellt, wenn sich ihre Zeichen unzweifelhaft als solche zu erkennen geben, und gelten in diesem Falle als ausführlich bezeichnet; dagegen bleiben alle Laute aus der Übertragung fort, welche in der Schrift weder durch einen Buchstaben, noch durch eine Regel vertreten sind.

Gabelsberger.

(Rätzsch, Tafel 41.)

wallenstein hattsich in vertei-dung gestellt und erwartete ruig das vordring dr schweden. er litt idiszeit hftig am podagra, denoch stig er, das bein und di steigbigl mit tücher umwikelt, zu pfrd und ritt slang er es au-hilt am dr front seir tupen hn

Stolze.

wallenstein hatte sich in verthei-digung gestellt und erwartete ruhig das vordringen derschweden. er litt indiser zeit heftig ampodagra, dennoch stig er, dasbein und di steigbügel mittüchern umwickelt. zupferd undritt so lange er es aus-hült an derfront seiner truppen hin,

dan aber szter sich iseine Gspenig karosse um seine mustrung zuvollend. sein hagr rdfal antlitz zeigte kein spur vnschmrts. sein durchdringend feuauge blitzte streng und ernst überdi krigr. wele zu im in scheu erfurcht aber unbedingt vertrauen emporsah.

dann aber setzte er sich inseine sechsspännige karosse um seine musterung zuvollenden. sein hageres erdfales antlitz zeigte keine spur vonschmerz sein durchdringendes feuerauge blitzte streng und ernst über dikriger, welche zuihm inscheuer erfurcht aber unbedingtem vertrauen emporsahen.

Es ist ein schwieriges Unternehmen, die Bezeichnungsart stenographischer Schriften durch gewöhnliche Lettern darstellen zu wollen. Ich habe mich bemüht, unter Anlegung eines beiden Schriften in gleicher Weise gerecht werdenden Maßstabes eine möglichst objective Übertragung der Schriftprobe auf Tafel XIII. zu liefern. Die Präcision der Stolze'schen Affixe verlangte, daß, wenn ich beiden Schriften gerecht werden wollte, diesen in der Übertragung der Gabelsberger'schen Schrift gegenüber ein Vorzug eingeräumt wurde, und nach meiner vollsten Überzeugung bin ich dadurch nicht vom objectiven Standpunkt abgewichen.

Es ist ersichtlich, daß in der Stolze'schen Schrift eine größere Zahl von Lauten durch Regeln ergänzt wird, als in der Gabelsberger'schen. Dagegen bezeichnet die letztere viele Laute gar nicht.

Sie werden indessen, hochverehrter Herr Director! ein genaueres Urtheil, als die obige Übertragung geben kann, durch Betrachtung der Schriftprobe selbst gewinnen. Ich hebe hier nur hervor, daß in der Gabelsberger'schen Schrift etwa 232, dagegen in der Stolze'schen nur 201 Schriftzüge zur Anwendung gekommen sind, daß in ersterer 93 mal, in letzterer nur 82 mal mit der Feder abgesetzt werden muß. Ferner finden sich in der Gabelsberger'schen Schrift 41, in der Stolze'schen nur 8 links schräge Züge (dabei ist in letzterer u als links schräger Zug gerechnet); außerdem weicht noch in den Wortbildern „Zeit, stieg, blitzte" die Gabelsberger'sche Schrift von der gewöhnlichen Schriftlage ab.

Vierzehnter Brief.

Die höheren Kürzungen bei Gabelsberger (Satzkürzung).

> Die (Lehre von der) Satzkürzung wird sich und zwar bis in ihre äußersten Consequenzen Derjenige zu eigen zu machen haben, der sich zum praktischen Stenographen ausbilden will.
> Rätzsch, Lehrbuch, Seite 75.

Wie die Schriftprobe im vorigen Briefe zeigt, hat die Gabelsberger'sche sogenannte Correspondenzschrift die Kürze der Stolze'schen

Schrift nicht. Es wurde daher noch eine abgekürzte, die sogenannte Debattenschrift nöthig.

Die Abkürzungen, welche die Gabelsberger'sche Schrift zu diesem Zwecke einführt, unterscheiden sich wesentlich von den Sigeln dadurch, daß sie nicht feststehende, ein für allemal geschaffene sind, sondern im Drange des Augenblicks geschaffen werden müssen und aus dem Zusammenhange des Satzes erst ihr Verständniß erlangen. Wenn nun auch bei ruhiger Überlegung Niemand solche Kürzungen anwenden wird, welche er nicht wieder zu entziffern hoffen kann, so werden doch solche im Augenblicke des Nachschreibens geschaffene Abkürzungen, zum großen Theil sogar geschaffen, während der Schreiber den Satz noch nicht vollständig überblicken kann, leicht beim späteren Wiederlesen zu unentwirrbaren Räthseln werden. Außerdem wird der Schreiber, stets damit beschäftigt, was und wie er kürzen könne, dem Verständniß der Rede die nöthige Aufmerksamkeit nicht widmen können.*)

Die Schrift darf nicht während der Rede erfunden werden; sie muß schon in den Fingern des Schreibers bereit liegen, sie muß vollständig mechanisch geworden sein. Wenn der Stenograph, während die Worte auf ihn niederströmen, so viele Geistesarbeit vornehmen soll, wie die Gabelsberger'sche Schrift ihm zumuthet, wenn er so zu sagen die gehörten Worte erst in den Jargon seiner Schrift übersetzen soll, so wird er nie diejenige Gewandtheit bekommen, welche zum Nachschreiben schneller Reden nothwendig ist. Selbstverständlich giebt es auch in diesem Fache Genies, und solche Genies haben ja mit viel schlechteren Stenographien, als der Gabelsberger'schen, Vorzügliches geleistet; es steht aber mit der Verallgemeinerung einer Sache schlimm aus, wenn sie nur von Genies zur vollkommenen Verwendung kommen kann. Es kann z. B. Jemand große Geschicklichkeit sich erworben haben, mit einem Stemmeisen ein Brett eben und glatt zu machen; deswegen wird aber doch kein Tischler sich auf diese Fertigkeit einüben, sondern vielmehr einen Hobel gebrauchen.

Daher kann es nicht Wunder nehmen, wenn selbst von gewiegten Gabelsbergern so häufig schlechte Arbeiten geliefert werden. Noch neuerdings ist dies in Berlin zur Sprache gekommen, wo im Herrenhause Gabelsbergerianer und Stolzianer nebeneinander arbeiten, wo also die beste Gelegenheit zur Vergleichung der praktischen Tüchtigkeit beider Systeme gegeben ist.

*) Ich spreche aus eigener Erfahrung, da ich selbst die Gabelsberger'sche Redezeichenkunst eine Zeit lang (1856) zum Nachschreiben verwendete.

Die Gabelsberger'schen höheren Kürzungen sind nach Gabelsberger's eigener Erklärung (neue Vervollkommnungen) hervorgegangen aus einer Interpretation der tironischen Noten, einer Interpretation, welche sich längst als völlig falsch erwiesen hat. Dies Kürzungsverfahren ist durch Majoritätsbeschluß einer Versammlung Gabelsberger Stenographen in München als der geistreichste Theil der Gabelsberger'schen Redezeichenkunst decretirt worden.

Die höheren Kürzungen kommen darauf hinaus, daß von einem Worte, welches man aus dem Zusammenhange des Satzes errathen zu können glaubt, nur wenige Buchstaben bezeichnet werden, und zwar entweder die Endung, oder diese in Verbindung mit dem vorhergehenden Buchstaben, oder die Vorsilbe (Formkürzung), oder der Vocal, oder der Auslaut, oder der Anlaut der Stammsilbe (Klangkürzung), oder endlich die Affixe in Verbindung mit einem oder dem andern Laute des Stammes (gemischte Kürzung).

Es werden diese Zeichen dann gewöhnlich in etwas verkleinerter Form über die Linie gesetzt; doch finden sich solche Kürzungen auch auf und unter der Linie. Dabei ist die Sigelbedeutung, welche einem solchen Zeichen etwa schon beigelegt sein sollte, nicht hinderlich, dasselbe auch zur Bezeichnung anderer Wörter zu benutzen.

1. Formkürzung.

di not lerte schon manchen ^{n} und auch ^{n}. (XIV. 1.)

es ^{t} all dufan von wel stan-dp-unktau man di sache an^{t}. (XIV. 2.)

di ufgege arbeit ist wider abbe ^{e}. (XIV. 3.)

dis freiwilig tat ist ho-chz-u^{sen}. (XIV. 4.)

di feind hatt tapfr widerstand ge^{habt} *) dan ^{n} se in verwirrt flucht davon. (XIV. 5.)

dase an grest einfachheit ge^{t} ist so tregtse nur ^{nene} kleidr. (XIV. 6.)

di gangwarst mints sindi ^{wren}. (XIV. 7.)

wr nicht so handelt, wi man nach verninftig gründ er^{tn} kann den ^{t} man mit recht $^{\text{nen sam sch}}$. (XIV. 8.)

gleichheit vorm gesz ^{nen} wir un^{elhaft} fodrn. (XIV. 9.)

er zeichnetesich durch ^{e} un^{elhaft} uffirung vorall aus. (XIV. 10.)

fridrich dr ^{e} auch dr ^{e} genannt glentst als ^{ner} dr grest fldhrr statmenr regnt und schriftstller. (XIV. 11.)

gebildtsn volk des altertum war grichen und ^{r}. (XIV. 12.)

wr dich aus eig^{ls} absicht lobt ist ein ^{ler}, wr sich andrs stellt als er ist, ein ^{ler}. (XIV. 13.)

dr krank ^{a} des leb so über^{ls} das er kein ^{nei} mer zusich $^{\text{n lt}}$. (XIV. 14.)

sein sts punkt^{l} und ge^{haft} pflicht er ung selbst verfürrsch bestechungs ver^{n} gegü bürgt fürsein ^{helt}. (XIV. 15.)

---

*) Oder „gewesen". Hier muß aber „geleistet" gelesen werden.

2. Klangkürzung.

wardues nicht **dr mir** ^{nen} **vergleich einzu** ^{i}. (XIV. 16.)

als di son den **schne** ° ° **dr fluß** und ^{a} bald **auseim bett.**

er war **so zank**^{is} da**s er sich um jed kleineit** ^{it}. (XIV. 17.)

ich bitt mir nur ein wot noch zur, den noch rau **di feu stt wo slang** rau und ^{dr} han. (XV. 1.)

dem **glikl schlegt** kein unde. **gestr mpfing** durch **pristrhand dr bn nserr** ^{in} **kirchl weih.** (XV. 2.)

3. Gemischte Kürzung.

alsi nach lang abwesheit hir an^{a} wardues **dr sich meir libvoll an**^{a}. (XV. 3.)

dr durchi ümacht des **feind ir drohend ge**^{a} **ent**^{a} **di großer an**^{a} **dr kmpfer nur durchi** ^{ist} **flucht.** (XV. 4.)

i würd den **uftrag annem wens sich mit meir amtl stellung ver** ^{ü} und **mir** ühau **keinlei nachteil dau r**^{ü}. (XV. 5.)

der ^{al}**reich utrstzt an** ^{a} wurd **vom an**^{a} ^{ler} **zekge**^{os} **weiler bein** ^{runs} **komissar kein an**^{ans} **gen** hatt. (XV. 6.)

krftigstn mitl ufzusn um dis hrchverś ntr^{n} **weles duf ab**^{t} **das bestehnd umzustirz** und **neu einrichtung mit gewa einzufür** ganz^{l} **zu ntrdrik ist allerste uf**^{ab} **wel wir zulös hab.** (XV. 7.)

Ich habe auf Tafel XIV. und XV. die *vollständig* ausgeschriebene Stolze'sche Schrift dieser gekürzten Gabelsberger'schen zur Vergleichung gegenübergestellt. Aus der Betrachtung des letzten längeren Satzes geht hervor, daß die Gabelsberger'sche Schrift etwa 76, die Stolze'sche dagegen 81 Schriftzüge gebraucht, daß aber in der Gabelsberger'schen 42 mal mit der Feder abgesetzt wird und zweimal „di", eine große Anzahl End- und drei Stammsilben ganz fehlen, während dagegen in der Stolze'schen nur 31 mal abgesetzt und Silbe für Silbe bezeichnet ist.

Die Anwendung des Princips solcher Kürzungen kommt keineswegs der Gabelsberger'schen Schrift *ausschließlich* zu Gute; eine jede Schrift, auch die Currentschrift, und natürlich auch die Stolze'sche Schrift, könnte in dieser Weise gekürzt werden. Die Redezeichenkunst hat nur das Verdienst, dieses Kürzungsverfahren nach allen möglichen Seiten hin durch Beispiele erläutert zu haben, wodurch freilich andererseits das Mißliche solcher, in ihrer Bedeutung höchst veränderlichen, Kürzungen um so klarer hervortritt. *Wenn ein Bedürfniß für die Stolze'sche Schrift dazu vorläge und sie nicht etwas viel Besseres zu bieten hätte,* so könnte sie dies Verfahren sofort adoptiren. Siehe Archiv für Stenographie, Nummer 123 vom Jahre 1859.*)

---

*) Die erwähnte und folgende Nummer des Archivs für Stenographie enthält einen sehr bemerkenswerthen Aufsatz: „Beiträge zur Würdigung der Lehre von den

Zu beachten ist, daß das Abkürzungsverfahren der Gabelsberger'schen Schrift gerade diejenigen Wörter trifft, welche die wichtigsten, die unentbehrlichsten im Satze sind, die Begriffswörter, während die Bezeichnung der Formwörter, mit der Stolze'schen Schrift verglichen, zu weitläufig ist. Wenn auch in allen vorstehenden, am Studirtische überlegten Beispielen, diese Kürzungen nicht sinnentstellend gerathen werden können (mehrdeutige Lösungen sind auch hier schon möglich), so wird doch jeder Unbefangene zugeben müssen, daß die Übertragung einer mit solchen Kürzungen niedergeschriebenen Rede keine Gewähr für vollständige Übereinstimmung mit der Rede leistet. Wenn Rätzsch z. B. schreibt: „Durch die Schüsse der gezogenen Kanonen wurden sogar die Reserve-Truppen ''','' so kann ergänzt werden „alarmirt, incommodirt, decimirt" und vielleicht noch manches andere auf „irt" endigende Wort, ehe man, wie Rätzsch will, auf „blessirt" kommt.

Welchen Werth hat aber ein solches Stenogramm, wenn unglücklicher Weise aus dem gebrauchten Worte eine Streitfrage entstehen sollte? Nicht den geringsten! Und wenn nicht zwei, sondern zwanzig Stenographen die Rede nachgeschrieben hätten, spricht doch die Wahrscheinlichkeit dafür, daß auch alle darauf verfallen wären, dasselbe Wort in derselben Weise zu kürzen; es würde daher allen zwanzig Stenogrammen, einzeln wie zusammen genommen, jede Beweiskraft fehlen. Wie nun aber, wenn gar durchaus falsch übertragen wird, wenn der Stenograph den Redner etwas ganz Anderes sagen läßt, als er wirklich gesagt hat?*) Der Redner kennt sich selbst nicht wieder; er hat sich damit zu trösten, daß ja geredezeichnet worden ist und daß er also doch wohl so gesprochen haben muß!

Wenn aus diesen Gründen der Stenograph von Fach Bedenken tragen muß, eine solche Schrift anzuwenden, wer möchte sie dann noch gebrauchen wollen? Glauben Sie nicht, Herr Director, daß ich übertreibe; berufen Sie sich nicht darauf, daß ein Gabelsberger die von einem Andern, inzwischen verstorbenen, aufgezeichneten Kammerverhandlungen noch nach Jahren „zur bescheinigten Zufriedenheit" übertragen habe. Die Sache ist in der That noch viel schlimmer und verfänglicher als sie nach meiner Darstellung aussieht. Wenn auch die Fälle nicht

---

Prädicatskürzungen" aus der gewandten Feder Wilhelm Wackernagel's. Ich empfehle denselben allen Stenographen, namentlich aber denen, welche Stenographen benutzen wollen.

*) Ich verweise auf Gabelsberger's eigene Worte Seite 74 Theil II. seiner Anleitung. (Siehe Seite 36.)

so zahlreich sind, in denen die Nachschriften wegen unsinniger Übertragung ganz unbrauchbar sind, wie noch jüngst eine Vertheidigungsrede in Berlin, — der Fälle, wo der Redezeichenkünstler erst die Rede wieder erfindet, giebt's genug; sie kommen nur nicht so leicht zur Sprache, da der Redner sich selten seiner Worte so genau erinnert, um dem Stenographen sagen zu können: „Hier hast Du falsch geschrieben." Wenn der Redner aber den Mechanismus der Gabelsberger'schen Stenographie kennte, so würde er richtiger sagen: „Hier hast Du so gekürzt, daß Dir der Faden meiner Rede verloren gegangen ist; Du hast Dir selbst dafür einen Faden gesponnen aus dem Shoddy, zu dem Du meine Rede zerzupft hast." *)

Anders aber der Stolze'sche Stenograph. Er folgt mit seinem Griffel Silbe für Silbe den Worten des Redners. Seine Niederschrift verlangt nirgends eine Ergänzung aus dem Zusammenhange, jedes einzelne Wortbild ist an und für sich vollständig lesbar, und selbst da, wo er sich seine Arbeit durch weitere, den Principien des Systems entsprechende, Abkürzungen erleichtert haben sollte, würde es kaum der Beifügung eines Schlüssels für diese Abkürzungen bedürfen, um seine Schrift jedem anderen Stolze'schen Stenographen verständlich zu machen. In diesem gegenseitigen Verhältniß der praktischen Leistungen beider Systeme liegt eine **dringende Mahnung an Jeden, der stenographiren lassen und diese Nachschrif-**

---

*) Das „Leipziger Tageblatt" vom 12. Jan. 1864 bringt eine Schleswig-Holstein betreffende Rede des Bürgermeister Koch, welche derselbe in der Ständeversammlung zu Dresden gehalten hat, nach den „revidirten" stenographischen Niederschriften. Die Redaction macht dazu folgende Bemerkung: „Der Abdruck dieser Rede im „Dresdener Journal" erfolgte **vor** Revision der stenographischen Niederschriften; sie ist **daher**" (man sieht, daß die Sachsen schlechte stenographische Nachschriften gewohnt sind) „mehrfach **unrichtig, unvollständig,** ja **sinnentstellend** wiedergegeben." Wie sich die Herren Dresdener Kammer-Stenographen wol ausreden werden? Vermuthlich hat man bei dieser interessanten Rede vor Geräusch im Saale kein Wort hören können, oder der Sitz war zu unbequem, oder die Spitze des Griffels zu stumpf?

O nein, Ihr Herren! Ihr hattet die Rede mittelst Eurer Kürzungen so fein gehackt, daß Ihr selbst hinterher nicht mehr wußtet, was sie vorher gewesen war.

(Während des Drucks der ersten Auflage wurde das „Leipziger Tageblatt" veranlaßt, eine Erläuterung seiner Redactionsbemerkung zu bringen. Diese Erläuterung steht aber auf so schwachen Füßen, daß ich nicht einsehe, welche sachlichen Umstände die Redaction des „L. T." veranlaßt haben können, dieselbe ihren Lesern aufzutischen. Man vergleiche auch „Stenographischer Bote für das Sachsenland" Nr. 23, S. 47, dessen gleichzeitig ausgesprochenes Urtheil mit dem meinigen vollständig übereinstimmt. Gruß dem wackern Kämpfer!)

ten gewissermaßen als die amtlich beglaubigte Abschrift der Rede betrachten will, sich nur der Stolze'schen Stenographie zu bedienen, da Gabelsberger'sche Nachschriften wegen ihres Kürzungsverfahrens weit entfernt sind, als wortgetreue Wiedergabe des Gesprochenen gelten zu können.

Wenn später dem Redner allerdings gestattet wird und gestattet werden muß, seine Rede besser zu stilisiren, so ist das durch den Umstand begründet, daß selten ein Redner vollständig schriftgemäß spricht. Das Stolze'sche Stenogramm, für jeden Stenographen lesbar, giebt bei dieser Arbeit über jedes gesprochene Wort die zuverlässigste Auskunft, das Gabelsberger'sche Stenogramm dagegen liefert nur einen Anhalt zum Wiederconstruiren der Rede. Wer, um der Mangelhaftigkeit, welche allen menschlichen Thätigkeiten anklebt, entgegenzutreten, ein Übriges thun will, wer namentlich vor Hör- und Schreibfehlern genügende Sicherheit haben will, der lasse zwei oder mehrere Stolze'sche Stenographen zu gleicher Zeit arbeiten.

Als Gabelsberger mit seiner Redezeichenkunst auftrat, befanden sich die Leistungen der Stenographie noch so sehr in der Kindheit, daß man gern auf wortgetreue Wiedergabe von Reden verzichtete. Man sehe Gabelsberger's „brachylogisch syntaktische Schreibkürzung" Theil II. S. 317 seiner Anleitung. Was man aber damals nicht konnte, was Gabelsberger auch später durch Verkürzung seiner Schrift mittelst der sogenannten „höheren Kürzungen" nicht mit Sicherheit erreichen konnte, das ist von Stolze in völlig zuverlässiger Weise gelöst worden. Das Urtheil der Redner, welche Gelegenheit hatten, die Leistungen beider Systeme kennen zu lernen, fällt auch so entschieden zu Gunsten des Stolze'schen Systems aus, daß ich einen Beweis für die Unzulänglichkeit der Gabelsberger'schen Schrift nicht angetreten haben würde, wenn er sich nicht, wie von selbst, aus den höheren Kürzungen geboten hätte.

Ich will schließlich noch von einer anderen Seite ein Streiflicht auf die Gabelsberger'sche Schrift fallen lassen. Die Gabelsberger'sche Schule gefällt sich darin, die höheren Kürzungen als das Genialste in der Redezeichenkunst hinzustellen, als ein Mittel, welches jedem ihrer Anhänger den freiesten Spielraum gewährt, seine Individualität in der Schrift zur Geltung zu bringen.*)

*) Dieses Geltendwerden der Individualität ist indessen nicht allein die Ursache der Spaltungen innerhalb der Gabelsberger'schen Schule. Der Mangel sicher fundamentirter Regeln ist deren Hauptursache.

Nun gut! Das ist aber zugleich ein Verdammungsurtheil, wie es der entschiedenste Gegner nicht schärfer hätte aussprechen können. Soll etwa eine Schrift, welche mit der Anmaßung allgemeiner Verbreitung auftritt, individuell sein? Nein, nimmermehr! Die Stenographie soll eben für Alle, nicht für den Einzelnen sein; dies schließt eben die Individualität aus. Es ist oft schon schwierig genug, in den Stil und die Ausdrucksweise Anderer sich hineinzulesen (z. B. in den Stil der Gabelsberger'schen Lehrbücher); nun sollen wir noch als Zugabe in die Individualität der Schrift des Andern uns finden?!

Und noch auf Eins will ich hinweisen. Dadurch, daß von vielen Gabelsbergern für dasselbe Wort dieselbe Abkürzung benutzt wird, sind Andere gezwungen, diese Abkürzungen, sei es nun behuf des Lesens oder des Schreibens, ebenfalls sich anzueignen. Auf diese Weise sind schon die meisten Abkürzungen der Hülfszeitwörter zu stehenden Kürzungen, zu Sigeln geworden: Den Sigeln, der in ihren Augen gefährlichsten Klippe, steuern die Gabelsberger direct zu,*) nur findet dabei der nicht unwesentliche Unterschied statt, daß die auf diese zufällige Weise sich heranbildenden Sigel ebenso, wie die schon von Gabelsberger früher aufgestellten, weder organisch noch logisch mit der Redezeichenkunst im Zusammenhange stehen werden.

Fünfzehnter Brief.

Welchem System muß sich die Schule öffnen?

> Als das vorzüglichere, für den Schulunterricht geeignetere System einer Stenographie wird nur dasjenige betrachtet werden können, welches, was die Form der Schrift, also das rein Technische oder Graphische anlangt, zur Ausbildung der Handschrift dienen kann, und was die Zwecke des Unterrichts betrifft, auch die Eigenschaften eines formalen Bildungsmittels an sich trägt.
>
> Häpe, a. a. O. S. 40.

Nachdem ich den Mechanismus der beiden gegenwärtig in Deutschland um den Vorrang streitenden Systeme der Stenographie dargelegt habe, könnte ich, hochverehrter Herr Director! Ihnen überlassen, den Schluß zu ziehen. Dem steht jedoch der Umstand entgegen, daß Sie

---

*) Diese Ansicht ist inzwischen von der Gabelsberger'schen Schule bestätigt worden. Dr. Albrecht hat eine Sigelliste für Anfänger herausgegeben, welche außer den Sigeln und Abbreviaturen die gebräuchlichsten Wortkürzungen enthält.

bisher keine der beiden Schriften sich angeeignet haben; ein endgültiges Urtheil in einer Sache kann aber nur Derjenige abgeben, welcher darin Sachverständiger ist und die Sache vollkommen beherrscht; in Sachen der Stenographie speciell also nur der, welcher die beiden in Betracht kommenden Systeme genau kennt*) und mindestens eins derselben practisch mit Fertigkeit anzuwenden versteht.**) Doch erkenne ich Sie, sowie jeden Pädagogen als Sachverständigen an, wenn es nur ein Urtheil gilt über den pädagogischen Werth stenographischer Systeme, und auf diesen kommt es nach der von Ihnen mir gestellten Frage allein an.

Ihre Frage lautet: „Eignet sich die Stenographie für den Schulunterricht?" Die Antwort werden Sie selbst jetzt bejahend für die Stolze'sche, verneinend für die Gabelsberger'sche Schrift geben.

Fassen wir die Gründe für unsere Antwort kurz zusammen:

1. Gabelsberger's Auswahl der Schriftzüge steht nur scheinbar in einem Zusammenhange mit den bezeichneten Lauten, in Wirklichkeit aber ist sie eine willkürliche (Seite 12). Den Stolze'schen Schriftzeichen dagegen kann eine richtige wissenschaftliche Begründung und ein Zusammenhang ihrer Formen mit der Natur der Laute nicht abgesprochen werden (Seite 45). Wenn einzelne Stolze'sche Zeichen mit den entsprechenden Gabelsberger'schen gleich sind, so beweist dies nicht, wie manche Gegner meinen, ein Abschreiben von Gabelsberger,***) sondern nur, daß dieser in seiner Jahre lang fortgesetzten Auswahl der Schriftzeichen zuweilen auf dem Wege des Probirens das richtige gefunden hat.

2. In der Verbindung mehrfacher Consonanten hat Gabelsberger ein einheitliches Princip nicht beobachtet (Seite 17 ff.), wohl aber Stolze ein höchst einfaches (Seite 46). Die Vocale werden bei Gabelsberger unvollständig oder gar nicht, unter Anwendung verschiedenartiger Kunstgriffe, bezeichnet (Seite 20—25), ihre Stelle zwischen den Consonanten ist häufig aus dem Wortbilde nicht ersichtlich (Seite 15). Bei Stolze

---

*) Prof. Rosenkranz kennt nur ein System unvollkommen (oder gar nicht?), deswegen hat sein Urtheil, welches er in einer „Festrede, gehalten bei der Feier des ersten Stiftungsfestes des Gabelsberger Stenographen-Central-Vereins für Ost- und Westpreußen zu Königsberg" abgiebt, keinen Werth in Bezug auf die Sache. Es ist das Urtheil eines Laien.

**) Professor Phöbus in Gießen kennt zwar beide Systeme, hat sich aber nicht genügende Fertigkeit angeeignet. Deswegen sind seine Urtheile (Deutsche Vierteljahrsschrift, Heft 4, 1855) so weit sie die praktische Seite der Stenographie betreffen, zum großen Theil irrig.

***) Die Stolze'sche Schrift soll eine Verballhornung der Gabelsberger'schen sein!

geschieht die Vocalbezeichnung nach strengen, ausnahmslosen, einfachen Regeln (Seite 48 ff.) Die Stelle der Vocale ist stets durch den Bindestrich, welcher Anlaut und Auslaut trennt, angegeben (Seite 46).

3. Die Orthographie der Gabelsberger'schen Schrift ist so willkürlich und barbarisch (Seite 46), daß diese „Gabelsberger Stenographen-Orthographie" allein hinreichen würde, die Redezeichenkunst aus der Schule zu verbannen. Dagegen ist die Orthographie des Stolze'schen Systems rationell und einfach (Seite 51), und es ist nicht unwahrscheinlich, daß auch die Orthographie der Currentschrift nach derselben Richtung hin umgestaltet werden wird; wenigstens zielen die meisten Bestrebungen darauf hin und gewichtige Stimmen haben eine solche Orthographie als berechtigt und auch für die Currentschrift als wünschenswerth anerkannt.

4. Die Wortbilder der Gabelsberger'schen Schrift sind nicht sprachlich gegliedert, vielmehr wird häufig das etymologisch oder grammatisch nicht Zusammengehörige zusammengezogen (Seite 28, 29 und viele Beispiele). Die Stolze'sche Schrift gliedert dagegen sowohl Wort als Satz streng nach der Etymologie und Grammatik.*)

5. In der Gabelsberger'schen Schrift müssen viele Endungen und selbst Wörter aus dem Zusammenhange ergänzt, respective errathen werden.**) In der Stolze'schen Schrift ist jedes Wortbild für sich vollständig lesbar und Silbe für Silbe in Currentschrift übertragbar.

6. Die Gabelsberger'sche Schrift, belastet mit handwidrigen Zügen und dreifach verschiedener Schriftlage,***) ist unkalligraphisch und kann nur zur Verschlechterung der Handschrift beitragen. Dies ist auch aus der Currentschrift ersichtlich, welche sich in autographischen Tafeln von Gabelsbergerianern vorfindet.

---

*) Sprachwidrige Wörter wie „desfallsig" wird ein Stolze'scher Stenograph nicht leicht gebrauchen. Man könnte mit demselben Rechte „oftmalsig, neuerdingsig, einigermaßenig" bilden; eine so complicirte Wortbildung ist aber der deutschen Sprache fremd. Es erweist sich das Stolze'sche System vermöge seines engen Anschließens an den Bau der deutschen Sprache auch als Sprachwart.

**) Man kann sagen, die Endungen in der Gabelsberger'schen Schrift spielen eine doppelte Rolle: entweder nicht geschrieben zu werden (Wortkürzung) oder zur Bezeichnung der Auslassung von Begriffswörtern zu dienen (Satzkürzung).

***) Dem Schüler wird nicht nur ein Liniennetz von 4 Linien, sondern auch die gewöhnliche Schriftlage durch eine große Zahl paralleler Linien vorgezeichnet, damit er die Steilstellung für i und die ei-Lage richtig machen lernt. Solche Eselsbrücken sind aber für Leute, die schreiben können, ein entschiedener Rückschritt. Der Lehrer der Stolze'schen Schrift hat keine Veranlassung, seinen Schülern jemals ähnliche Eselsbrücken zu bieten.

Die Stolze'sche Schrift besteht aus durchaus kalligraphischen Zügen (Tafel X.), durch deren Einübung die Handschrift verbessert wird (Seite 47).

Aus den hier hervorgehobenen sechs Punkten geht unzweifelhaft hervor, daß die Beschäftigung mit der Gabelsberger'schen Stenographie*) auf die Logik, Etymologie, Grammatik, Orthographie und Kalligraphie des Schülers destructiv wirkt, während die Stolze'sche Schrift mit Recht ein formal bildender Lehrgegenstand genannt wird.

Wenn Sie, hochverehrter Herr Director! diese Ansicht aus meinen Briefen gewonnen haben, und ich zweifle nicht daran, so kann ich hoffen, auch dasjenige Material dargeboten zu haben, welches nöthig ist, das Falsche und Trügerische der gegnerischen Angriffe auf das Stolze'sche System zu erkennen. Doch kann ich diese Angriffe nicht übergehen, ohne Sie, hochverehrter Herr Director! auf ein Steckenpferd der Gabelsberger'schen Schule aufmerksam zu machen, nämlich auf den Gabelsberger'schen Verbreitungsgaul, welcher dem Publicum zum Überdruß in der Tagespresse vorgeritten wird. Dieser Gaul soll dem Publicum die Thorheit derjenigen erläutern, welche etwa sich gelüsten lassen möchten, eine andere, als die „weit verbreitete" Gabelsberger'sche Stenographie zu erlernen.

Welches System mehr Anhänger zählt, ob das Gabelsberger'sche oder das Stolze'sche, ist schwer zu ermitteln. Die Nachrichten von Gabelsberger'scher Seite mögen vielleicht ziemlich genau sein, weil Alles, was jemals der Redezeichenkunst nahe getreten ist, in Vereinen und Stenographen-Kalendern untergebracht wird. Anders steht es mit der Statistik der Stolze'schen Schule. Ich bin beispielsweise mit vielen Stolze'schen Stenographen, solchen, welche die Schrift wirklich anwenden, bekannt, deren Namen sich in keinem Verzeichnisse der Anhänger des Stolze'schen Systems finden. Gesetzt aber auch, die Gabelsberger'sche Schule wäre die verbreitetere, extensiv oder intensiv, so könnte dies ja kein Grund sein, an derselben festzuhalten; selbst wenn sie ganz allgemein verbreitet wäre, so würde durch die Erfindung Stolze's der Zeitpunkt gekommen zu sein, sie als einen überwundenen Standpunkt fallen zu lassen. Oder sollen wir uns zum Heidenthum bekennen, weil dieses mehr Anhänger zählt, als das

---

*) „Die Zerstreutheit des Geistes mächtig fördert und die Unklarheit wesentlich nährt," so urtheilt ein Pädagoge von der Gabelsberger'schen Redezeichenkunst. Centralblatt für die gesammte Unterrichtsverwaltung in Preußen. 1863, Heft 5.

Christenthum? Gesetzt auch, die Gabelsberger'sche Schule wäre die verbreitetere, so wäre das ja nur der Sachlage angemessen! Denn erstens hat Gabelsberger seit 1819 Schüler herangebildet, Stolze erst seit 1841. Zweitens wurden stenographische Bureaus nach Gabelsberger gebildet schon vor dem Erscheinen des Stolze'schen Systems und diese Körperschaften haben meistens die Pflicht, mindestens aber ein Interesse, ihre Schrift zu verbreiten. Drittens ist für die Ausbreitung der Redezeichenkunst durch die Schulen Seitens der Regierungen Vieles geschehen; in dem Geburtslande Gabelsberger's ist sogar verboten, eine andere Schnellschrift an den Schulen zu lehren; dagegen haben die Regierungen in gleicher Weise für die Stolze'sche Schrift gar nichts gethan.

Müßte man nicht erstaunt sein, daß dennoch die Verbreitung der Gabelsberger'schen Schrift nicht größer ist, wenn man nicht wüßte, daß diese geringe Verbreitung eben in der Sprachwidrigkeit und Systemlosigkeit der Redezeichenkunst ihren Grund hat? Trotz aller Verdächtigungen (selbst religiösen und politischen!), welche die Anhänger der Gabelsberger'schen Schule auf das Stolze'sche System und seine Anhänger gehäuft haben, trotz aller sonstigen Vorsprünge der Zeit und der Umstände, hat die Redezeichenkunst, wenn überhaupt einen, doch keinen namhaften Vorsprung in ihrer Ausbreitung vor der deutschen Kurzschrift von Stolze gewinnen können!

Man kann mit Recht sagen: Was die Redezeichenkunst ist, ist sie durch Unterstützung von Außen; was die deutsche Kurzschrift von Stolze ist, ist sie einzig und allein durch sich selbst.

Möchte zu ihrem innern Werthe auch die Unterstützung von Außen kommen! Möchte es erkannt werden, daß es **zweckentsprechend**, ja daß es ein **Bedürfniß** ist, die Stolze'sche Stenographie als obligatorischen Lehrgegenstand in alle Gymnasien, Real- und höheren Bürgerschulen einzuführen!

Sechzehnter Brief.

Die Kurzschrift in der Schule.

Hätt' ich gezaudert zu werden,
Bis man mir's Leben gegönnt,
Ich wäre noch nicht auf Erden,
Wie ihr begreifen könnt,
Wenn ihr seht, wie sie sich gebärden,
Die, um etwas zu scheinen,
Mich gerne möchten verneinen.

Göthe.

Das Alte stürzt, es ändert sich die Zeit,
Und neues Leben blüht aus den Ruinen.

Schiller.

Nachdem Sie, hochverehrter Herr Director! in Ihrem jüngsten Schreiben Ihre Überzeugung dahin ausgesprochen haben, daß allerdings die Stolze'sche Stenographie für den Schulunterricht geeignet und daß ihr Nutzen nicht zu verkennen sei, entstehen in Ihnen nun die neuen Bedenken, ob nicht bis jetzt noch unersichtliche Nachtheile später hervortreten, ob nicht durch die Einführung der Stenographie manchfache Veränderungen in dem Organismus des Schulunterrichts bedingt werden könnten, deren Tragweite sich nicht absehen lasse.

Ihre Bedenken zeigen mir den echt deutschen Mann, der vor lauter Bedenklichkeiten wartet, bis ein Fremder sein geistiges Besitzthum in's praktische Leben übersetzt hat. Wahrlich! wenn uns von Frankreich oder England heute die Stolze'sche Erfindung als etwas Neues und Praktisches importirt werden könnte, dann würden wir alle unsere Bedenken in langen Nachweisungen über die Priorität der Erfindung ersticken und über die Zweckmäßigkeit des obligatorischen stenographischen Unterrichts kaum ein Wort verlieren.

Also keine Bedenken! nur frisch den Versuch gewagt, bei dem keinesfalls etwas zu verlieren ist.

Die Stenographie könnte von den Schülern mißbraucht werden? Allerdings! Wollen Sie aber den Gebrauch von Stahlfedern verbieten, weil absichtlich oder unabsichtlich einer Ihrer Schüler sich oder seinen Nachbar damit stechen könnte? Abusus non tollit usum!

Geht doch, Ihr Herren Lehrer! dem stenographischen Gespenst auf den Leib; seht es Euch genau an, und Ihr werdet es bald als einen Engel des Lichts erkennen lernen. Wenn Euch doch dies Gespenst

Eurer Einbildung Tag und Nacht nicht Ruhe schenkte, bis Ihr ernstlich Euch entschlossen, es zu betrachten!

Es könnten Veränderungen im Schulunterrichte herbeigeführt werden, deren Tragweite sich nicht übersehen lasse? Das glaube ich auch, und muß gestehen, daß ich selbst von meinem Standpunct aus diese Veränderungen jetzt noch nicht genau übersehen kann. Obgleich ich sie für bedeutend und bedeutsam halte, so fürchte ich doch noch, daß ich sie unterschätze. Wenn ich mich aber in meine Schülerjahre zurückversetze, wo ich vielleicht gegen den Wunsch einzelner meiner Lehrer die deutsche Kurzschrift erlernte, so kann ich mit vollster Bestimmtheit versichern, daß alle zu erwartenden Veränderungen nur heilsam sein werden. Betrachten wir einmal die Stellung, welche die deutsche Kurzschrift im Unterrichtsplan der Schule einnehmen kann und wird.

Die Stenographie wird wol am zweckmäßigsten im 14. bis 16. Lebensjahre gelehrt werden,*) und zwar von einem Philologen.**) Sie würde in der betreffenden Klasse bei zwei Lectionen wöchentlich in einem Semester vollständig behandelt werden können. Diese beiden Stunden könnten, da sich das System so eng an die deutsche Sprachlehre anschließt, von den Sprachstunden genommen werden, so daß von einer auch nur zeitweiligen Überbürdung des Schülers nicht die Rede sein kann. Der Sprachunterricht würde durch dieses Abgeben von im Ganzen etwa 40 Lectionen nicht einen Verlust erleiden, sondern sich vielmehr ein Capital sammeln, das reiche Zinsen trägt. Ich weiß aus Erfahrung, daß an der Hand des Stolze'schen Systems, welches ja gegenwärtig auf die lateinische†), französische††), englische††) und ungarische†††) Sprache mit Glück übertragen ist, viel schneller und gründlicher, als auf andere Weise ein Überblick über die Wortbildungslehre und theilweise auch über die Grammatik der betreffenden Sprachen gewonnen wird.

Die Stenographie soll ebenbürtig in die Reihe der übrigen Unterrichtsgegenstände eintreten, damit dem Schüler gegenüber ihr Werth

---

*) Ich habe hier die erste Einführung des stenographischen Unterrichts in die höheren Lehranstalten im Auge. Sobald der obligatorische Unterricht sich als lebensfähig erwiesen hat, wird man ihn nach und nach auf jüngere Altersklassen und auf die Volksschulen ausdehnen.

**) Bis diese sich der Sache angenommen, werden geprüfte Lehrer der Stenographie angestellt werden müssen. Wenn letztere auch der Sache häufig besser mächtig sein werden, so scheint es mir doch wünschenswerth, für die Stenographie keinen besonderen Fachlehrer anzustellen, indem der stenographische Unterricht mit dem sprachlichen namentlich eng verwoben werden muß.

†) Durch Wackernagel. ††) Durch Michaelis. †††) Durch Fenyvessy.

anerkannt wird. Niemand wird in die nächste Klasse versetzt, der das System nicht erlernt hat. Es würde durch die Erfahrung festzustellen sein, ob in der nächsten Klasse ein Repetitorium von wöchentlich einer Stunde während eines Semesters nothwendig ist. In dieser Klasse würden die Schüler anzuhalten sein, von der Kurzschrift Gebrauch zu machen, vielleicht indem sie je den zweiten deutschen Aufsatz (ich fordere bescheiden) in stenographischer Schrift lieferten. Die Benutzung in den Geschichts- und anderen Vorträgen wird sich von selbst einstellen und es wird nur Sache des verständigen Lehrers sein, dieselbe auf das heilsame Maß zu beschränken.

Der Nutzen für die Schüler, soweit er sich jetzt übersehen läßt, wird materiell eine Ersparung an Zeit bei ihren häuslichen Arbeiten, also ein Gewinn von Zeit für Körperkräftigung sein, und geistig ein unendlicher Gewinn, den ich nicht hoch genug anzuschlagen weiß. Ziehen Sie in Betracht, hochverehrter Herr Director! daß die Kurzschrift ein in sich abgeschlossenes, vollständiges, logisches System ist — ziehen Sie in Betracht, daß es in kurzer Zeit vollständig erlernt werden kann — und Sie werden den pädagogischen Werth ihrer Erlernung nicht unterschätzen können. Keine andere in der Schule gelehrte Wissenschaft kann nur annähernd in einem so kurzen Zeitraume bewältigt werden. Es ist nicht zu bezweifeln, daß durch dieses schnelle Aneignen eines folgerichtigen Systems eine auf andere Weise kaum, und jedenfalls nicht so leicht, zu erlangende Klarheit in die Köpfe gebracht werden wird.

Aber auch für die Lehrer wird der Nutzen ein nicht unerheblicher sein, denn abgesehen davon, daß die Zeit, welche sie jetzt mit Dictaten verbringen, auf ein Minimum verkürzt und für andere Theile des Unterrichts gewonnen wird, wird ihnen selbst zu einer weiteren Fortbildung Anlaß genug in der Stenographie gegeben werden. Ähnlich wie die praktische Anwendung der Stenographie in öffentlichen Versammlungen auf die Redner bildend gewirkt hat,*) wird ihre Anwendung in der Schule auch auf den Lehrer heilsam zurückwirken.

Das sind nur einige von den vielen nützlichen Seiten, welche durch den obligatorischen Unterricht der Kurzschrift von Stolze hervortreten werden. Hat man irgendwo Nachtheile finden zu müssen geglaubt, so lag dies in der nebensächlichen Behandlung der Sache. Einen facultativen Unterricht halte ich nur bedingungsweise in der Hand eines sehr energischen Lehrers für nützlich, denn man wird sich aus seiner Jugend

*) Die Arbeiten Stolze'scher Stenographen dienen dem Redner vermöge ihrer Genauigkeit als getreues Spiegelbild seiner Rede.

erinnern, von welchem Gesichtspunkt aus der Schüler dergleichen Stunden aufzufassen pflegt, an welchen theilzunehmen seinem Belieben überlassen bleibt.

Ich schweige von der socialen Bedeutung der Stenographie*), deren Betrachtung vor die Volkswirthe gehört, und rufe Euch Pädagogen und Euch Männern, die ihr berufen seid, die Unterrichts-Angelegenheiten zu leiten, mein ceterum censeo zu:

Die Stenographie muß in den Schulen gelehrt werden!

*) G. Schütz. Die Stenographie, insonderheit die Stolze'sche, die Führerin zu einer neuen Culturstufe. Magdeburg 1861.

Inhalt.

			Seite
Brief	1.	Beruf der Pädagogen in Sachen der Stenographie	1
„	2.	Geschichtliches	4
„	3.	Gabelsberger's Buchstaben	8
„	4.	Mehrfache Consonanten bei Gabelsberger	14
„	5.	Vocalbezeichnung bei Gabelsberger	20
„	6.	Zusammengesetzte Wörter und Affixe bei Gabelsberger	27
„	7.	Fremde Affixe bei Gabelsberger	36
„	8.	Wortkürzung bei Gabelsberger	40
„	9.	Buchstaben und mehrfache Consonanten bei Stolze	44
„	10.	Die Stammsilbe bei Stolze	48
„	11.	Die deutschen Affixe bei Stolze	52
„	12.	Stolze's Abkürzungen (Sigel)	55
„	13.	Fremdwörter bei Stolze und Schriftprobe	60
„	14	Die höheren Kürzungen bei Gabelsberger	64
„	15.	Welchem System muß die Schule sich öffnen?	71
„	16.	Die Kurzschrift in der Schule	76

Berichtigungen.

S. 34 Zeile 14 v. u. lies „wendungen“ statt „wanderungen“.
„ 34 „ 11 „ „ lies „bei-zinng (beizihnng)“ statt „be-zinng (bezihnng).“
„ 42 „ 6 „ „ ist hinter „auchimmernoch“ einzuschalten **„dochimmernoch.“**

I. Hauchlaute. a: h, g, ch, k, j.

b: t, d, l, r. c: n, ng, m.

II. Lippenlaute: w, b, p, f, v.

III. Zischlaute: s, sch, z, [ ].

e, o, a, i, u, ei, eu, au,

äu, ai, oi, ui, ä, ö, ü.

1. = flegel, = folgen. 2.

3. = werk, = wrack [d. h. wrack.]

4. = Doren, = drehen.

5. 6. 7.

8. 9.

10. 11. 12.

13. 14.

15.

16.

17.

18. 19.

20. 21.

22. Gabelsberger:

Stolze :

Gabelsberger — II. — Stolze

Gabelsberger	Stolze
1.	
2.	
3.	
4.	
5.	
6.	
7.	
8.	
9.	
10.	
11.	

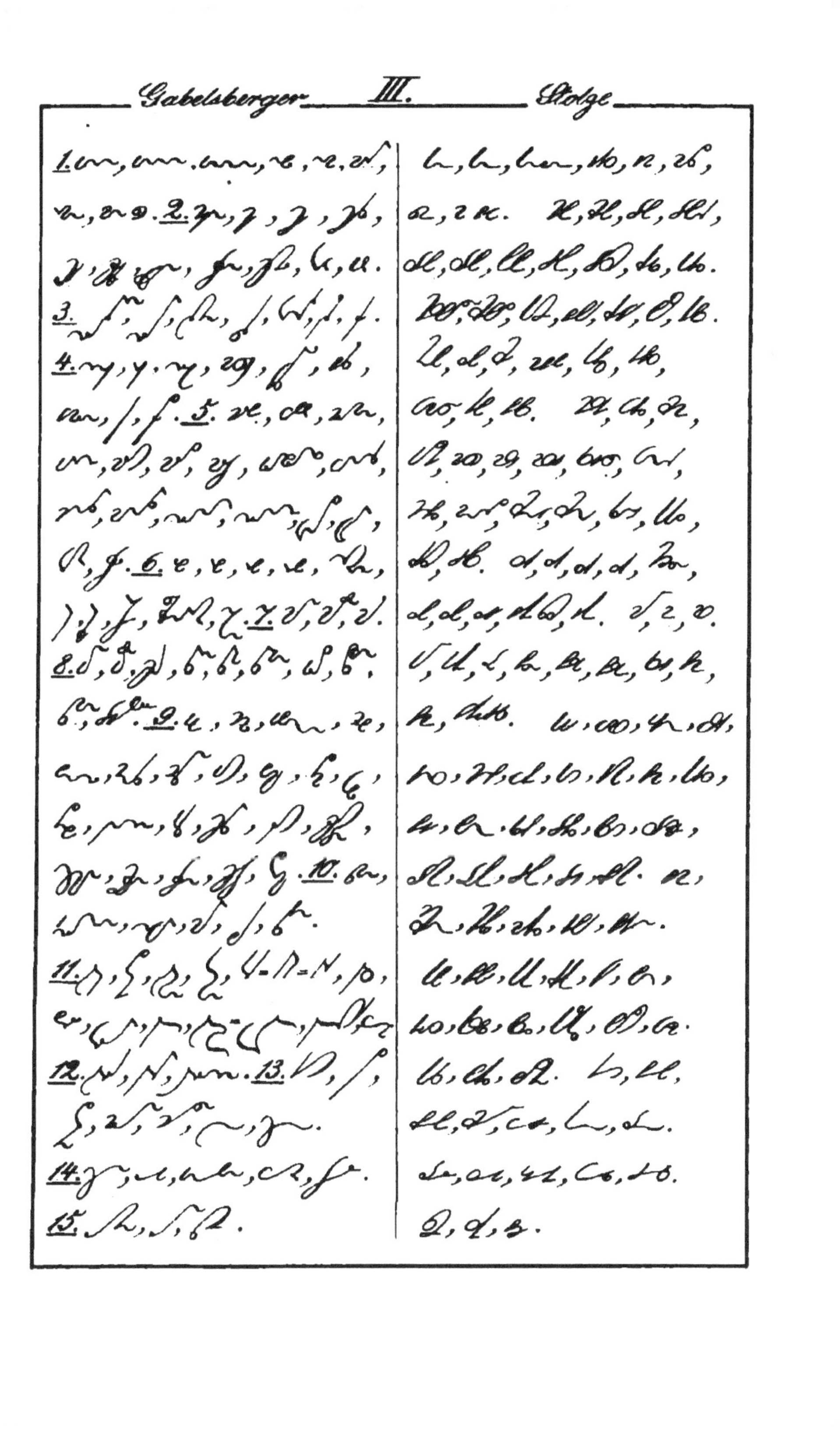

Gabelsberger — III. — Stolze

1. 2. 3. 4. 5. 6. 7. 8. 9. 10. 11. 12. 13. 14. 15.

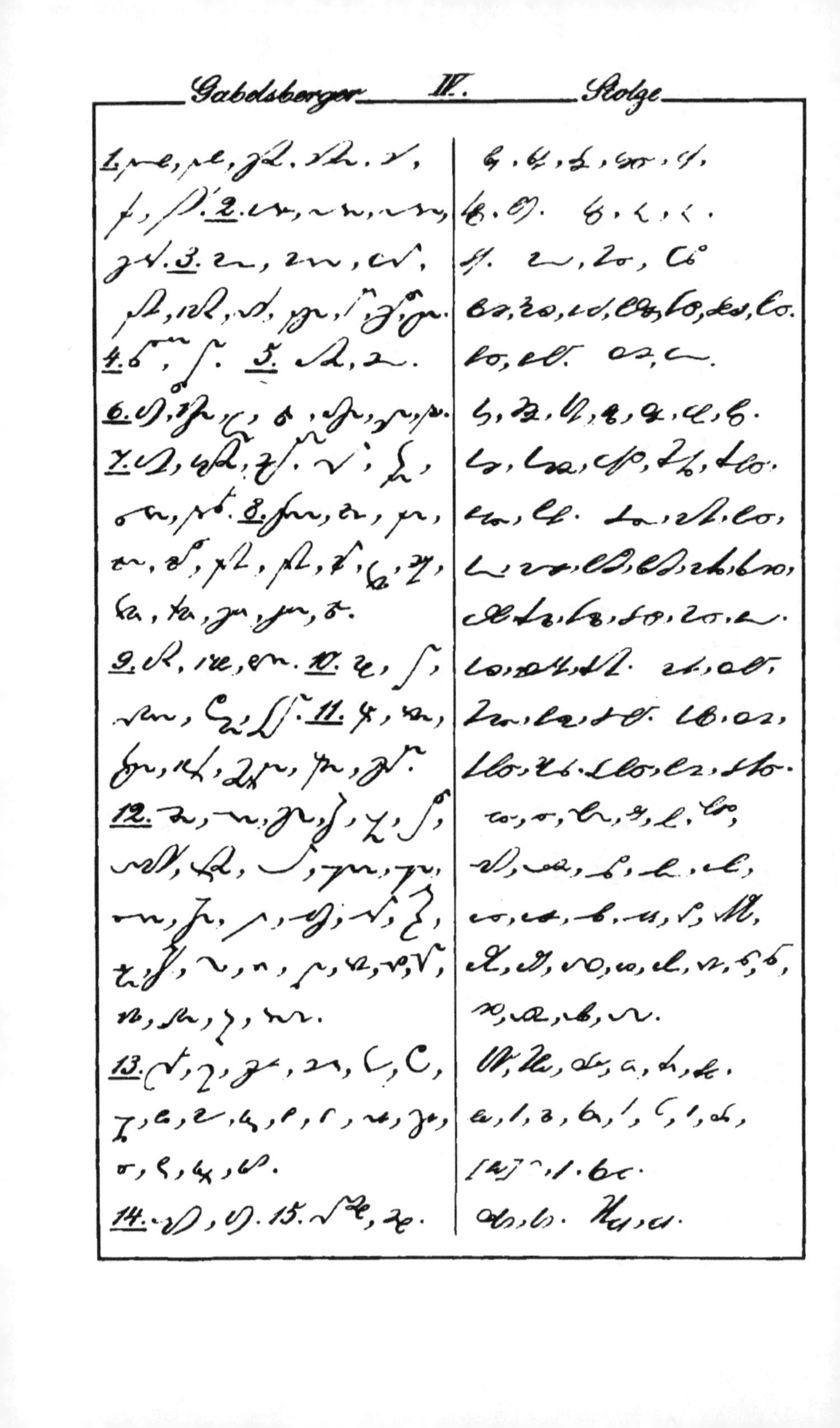

Gabelsberger IV. Stolze

1. 2. 3.

4. 5.

6.

7.

8.

9. 10.

11.

12.

13.

14. 15.

Gabelsberger — V. — Stolze

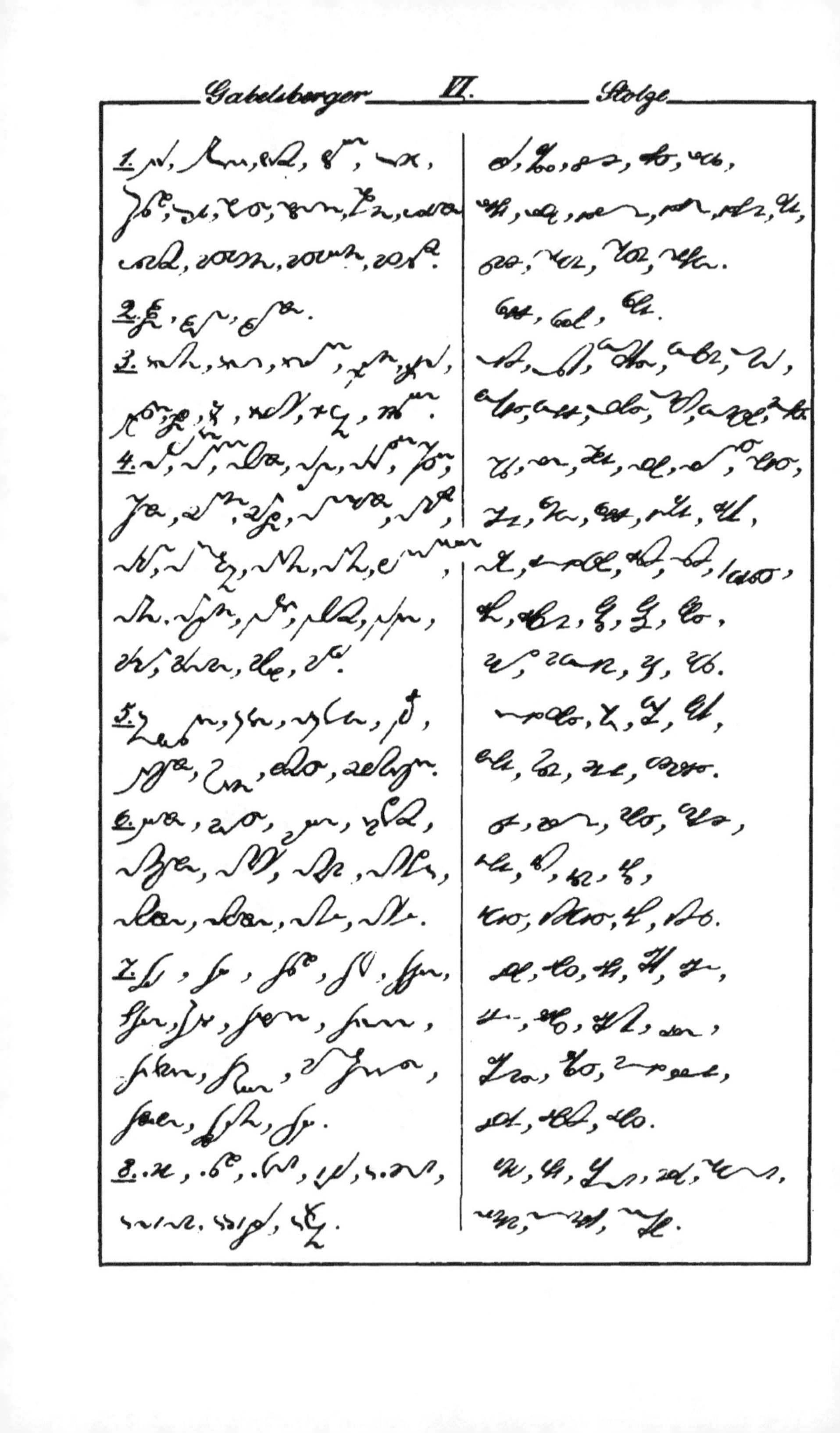

Gabelsberger VI. Stolze

Gabelsberger	Stolze
1. [illegible]	[illegible]
2. [illegible]	[illegible]
3. [illegible]	[illegible]
4. [illegible]	[illegible]
5. [illegible]	[illegible]
6. [illegible]	[illegible]
7. [illegible]	[illegible]
8. [illegible]	[illegible]

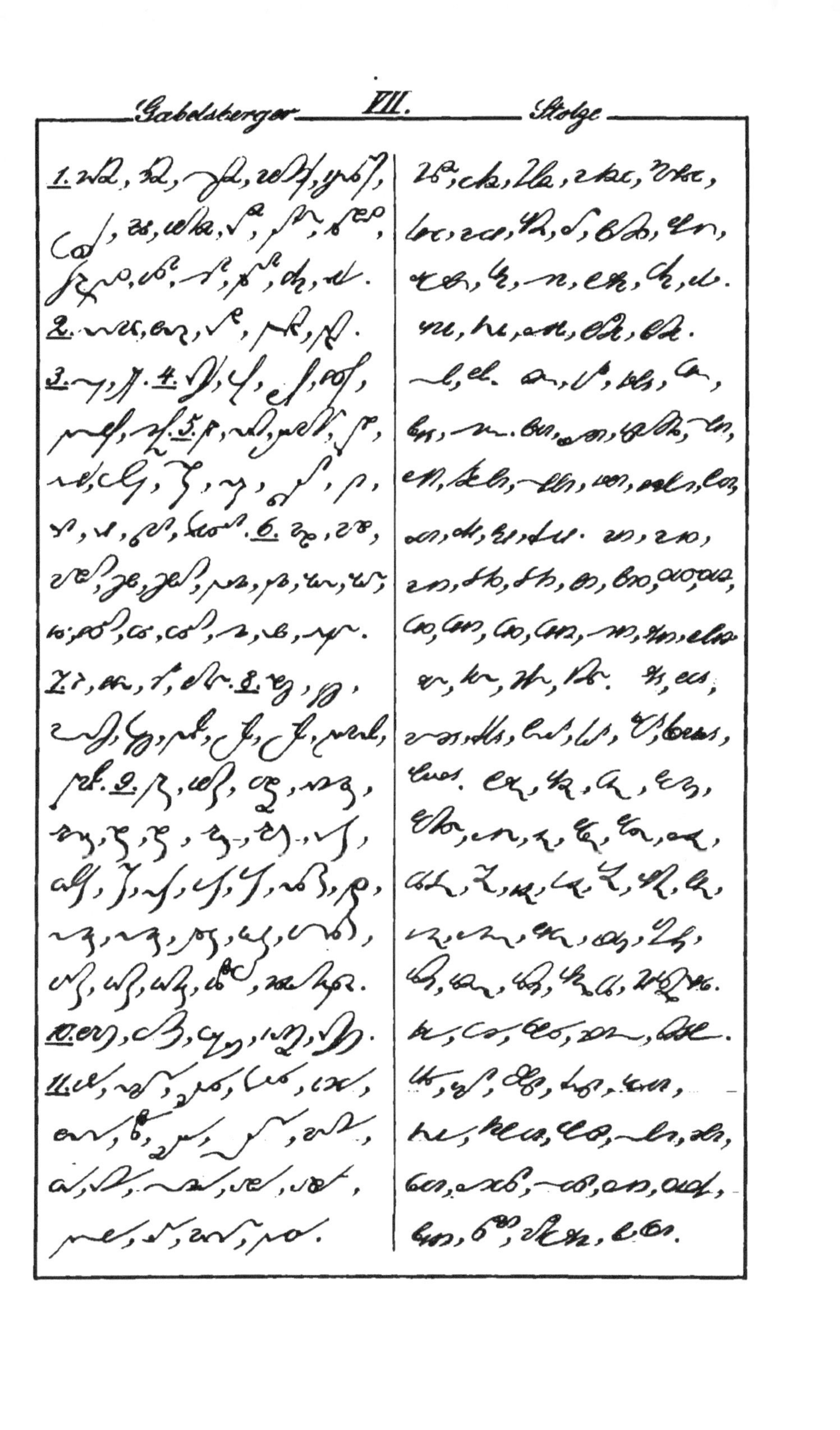

Gabelsberger — VII. — Stolze

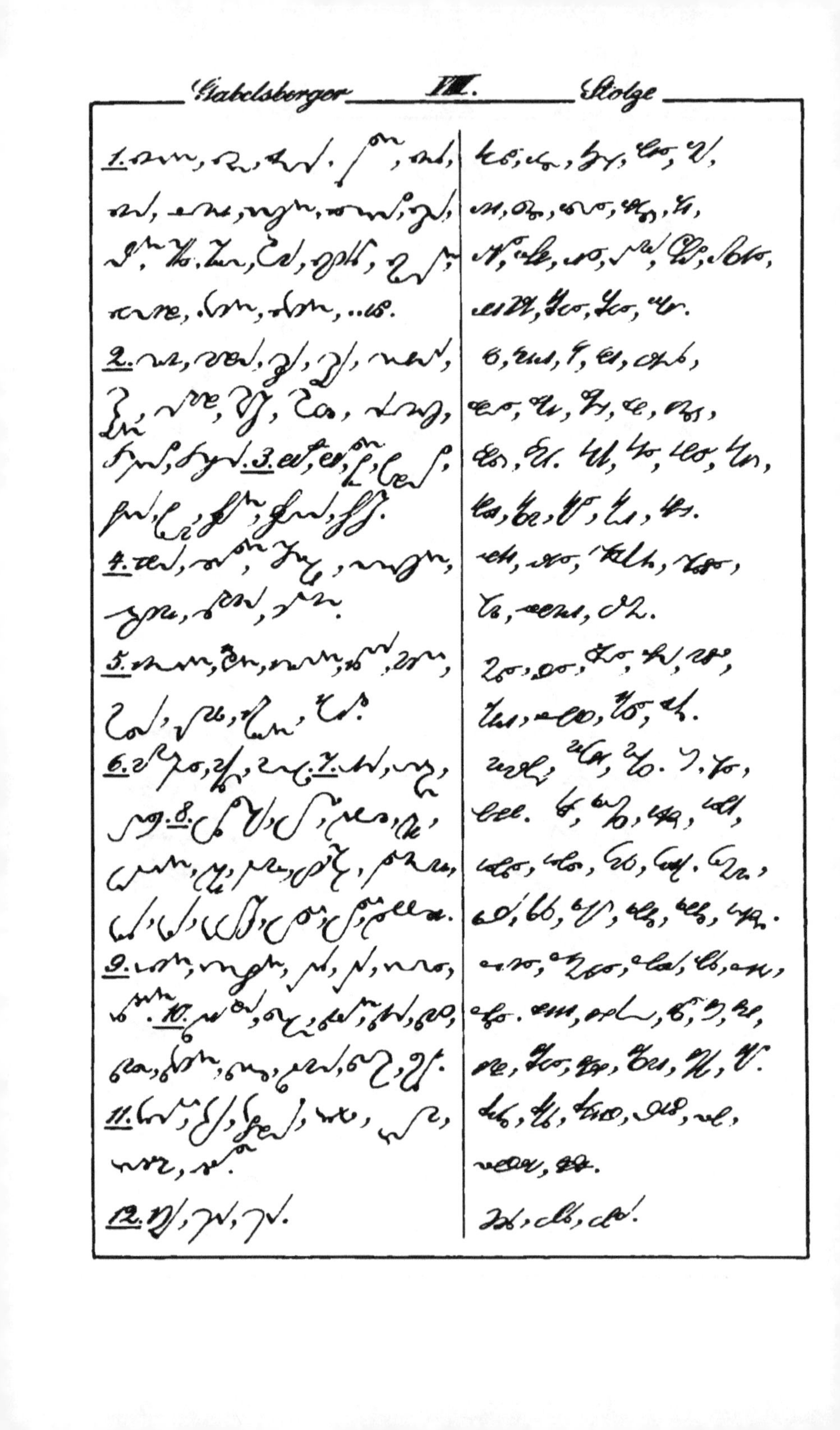

Gabelsberger	VIII.	Stolze
1. [illegible]		[illegible]
2. [illegible]		[illegible]
3. [illegible]		[illegible]
4. [illegible]		[illegible]
5. [illegible]		[illegible]
6. [illegible]		[illegible]
7. [illegible]		[illegible]
8. [illegible]		[illegible]
9. [illegible]		[illegible]
10. [illegible]		[illegible]
11. [illegible]		[illegible]
12. [illegible]		[illegible]

IX.

1. … 2. …

3. Gabelsb: … | Stolze: …

4. …

5. … 6. … 7. …

8. … 9. … 10. …

11. … 12. … 13. … 14. …

15. … 16. … 17. …

18. … 19. …

20. … [Gabelsb.] | … [Stolze]

21. …

22. …

23. …

24. …

1.

Schmelzlaute:

l = , r = , m = , n = , ng = .

Starrlaute:

		Lippe	Zunge		Kehle	
Hauchl.	sanft	w =	s =		j =	
	scharf	ph = *	ß =	sch =	ch =	h =
Schlussl.	sanft	b =	d =		g =	
	scharf	p =	t =		k =	

*) Modificirtes Zeichen: f = , v = . [pf = , nsch =]

Zusammenges. Buchstaben: mp = , sp = , st = , z = .

Fremde Buchstaben: y = , x = , c = , th = , q = , j[fr] = .

Vocale: a = , e = , u = , o = , i = , au = , eu = , ei = .

ä = ü = , ö = äu = .

2. 3. 4. 5.

6. 7.

8. 9.

10. 11. 12. = gs, = ns,

= ns, = ls, = ls, = nst, = nst, = nst, = rst.

th c z ch j ch ph w h p b e k g ß s o

mp sp m sch ng n t d n l r

XI.

XII.

1. 2.

3. 4.

5. ab, aber, außer, dar, ein, empor, fort, fern, her, hin, los, mittel, nieder, ober, voll, voran, wieder, rück, zurück, zurecht, zusammen, will, wohl, zwei. 6.

7.

8.

9.

10. 11. a. b. c. d. e. f. g. h. 12.

13.

14. 15.

16. 17.

XIII.

1. 2. 3. 4. 5. 6. 7. 8. 9. 10.

Schriftprobe.

Gabelsberger.	Stolze.

Gabelsberger **XIV.** Stolze

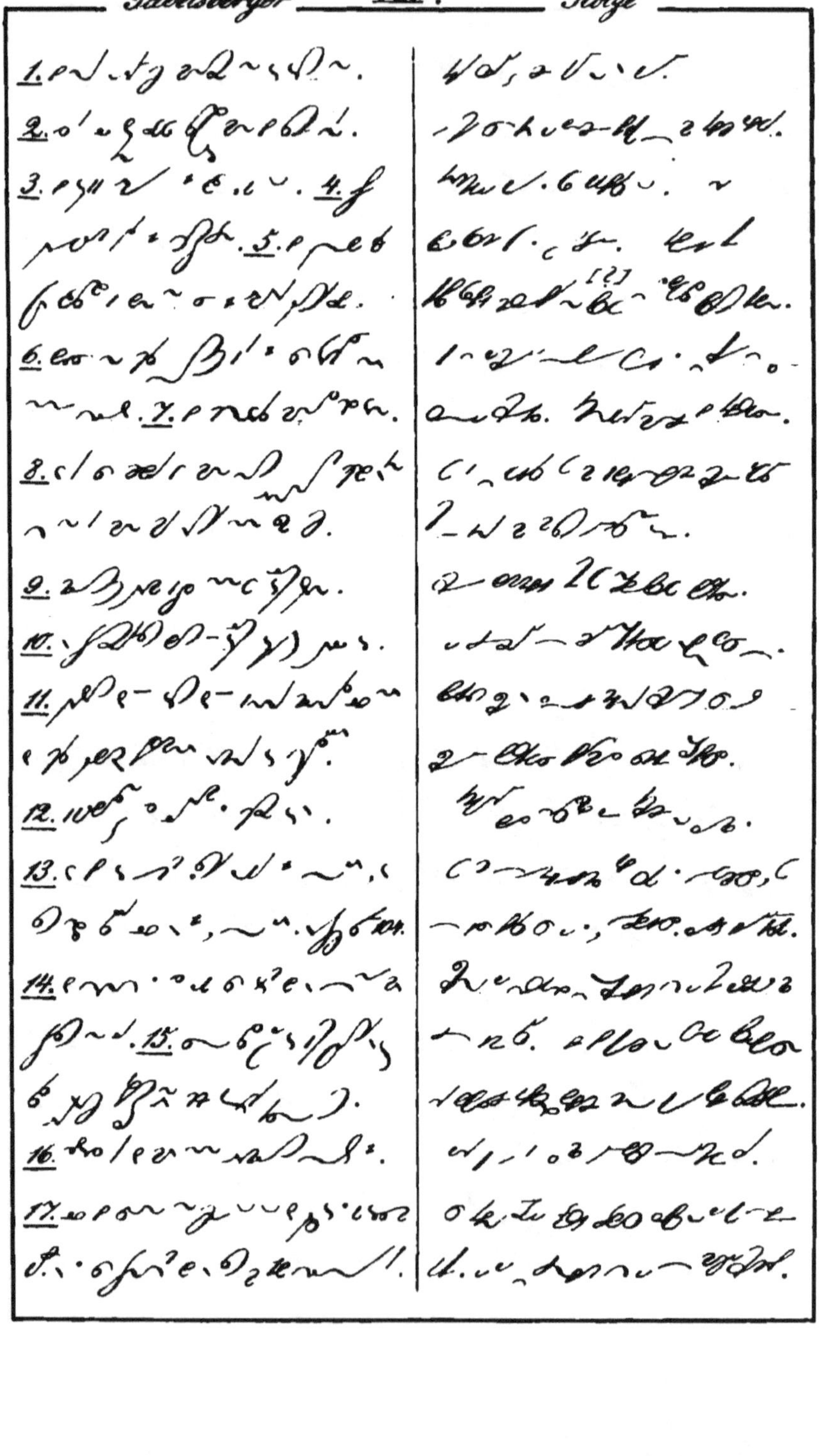

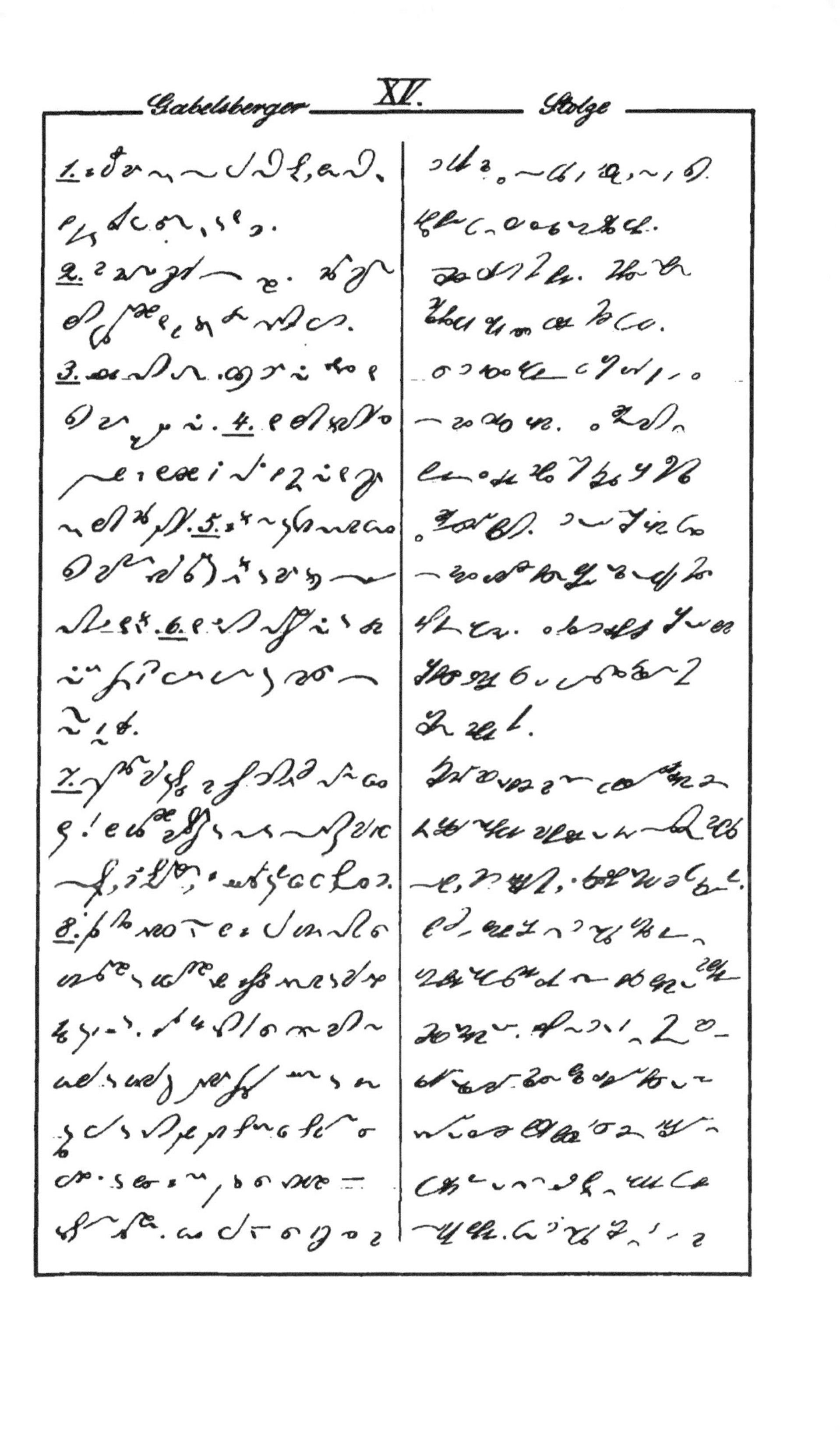

XV.

Gabelsberger	Stolze
1. [illegible] 2. [illegible] 3. [illegible] 4. [illegible] 5. [illegible] 6. [illegible] 7. [illegible] 8. [illegible]	[illegible]

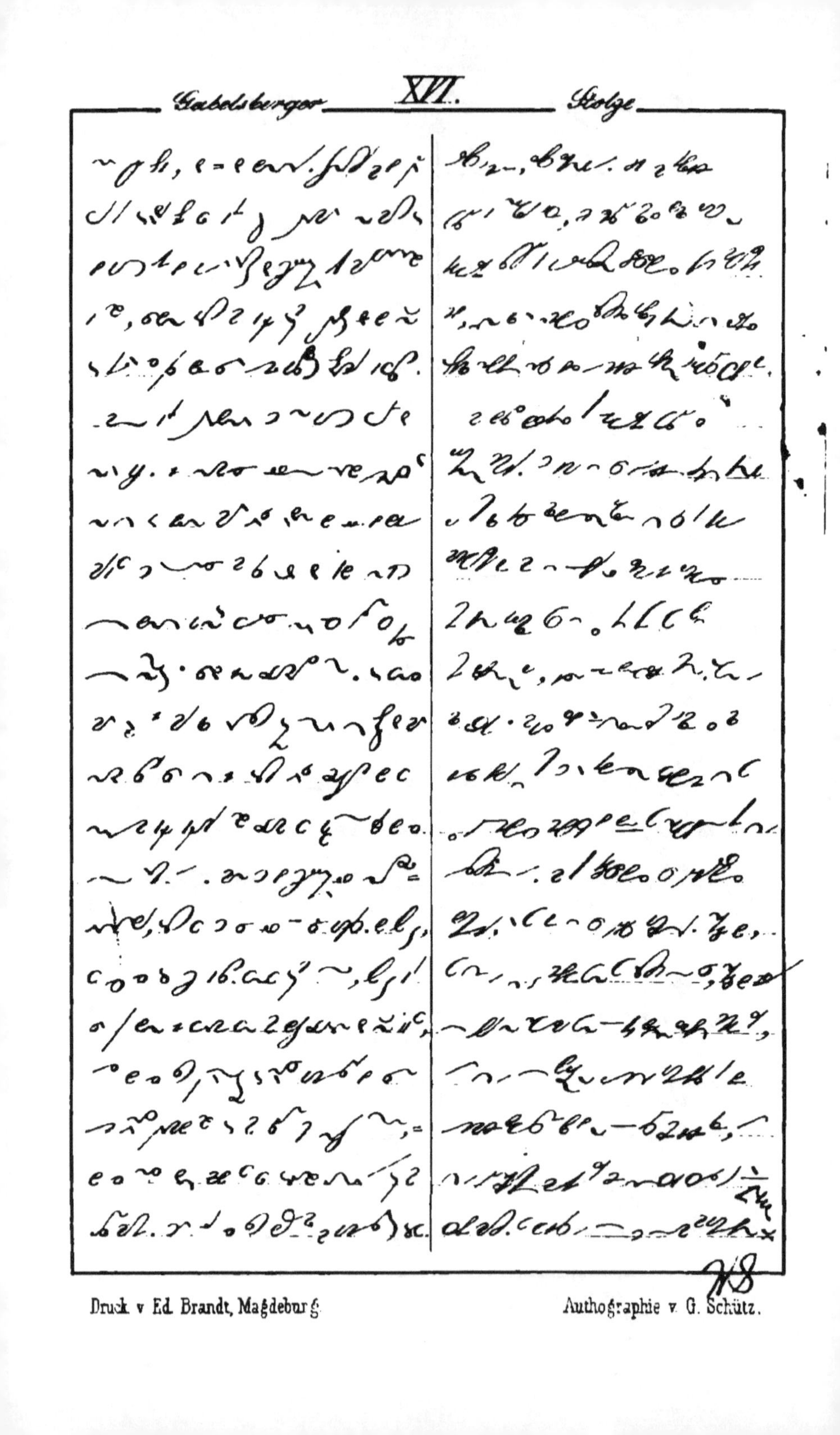

www.ingramcontent.com/pod-product-compliance
Lightning Source LLC
Chambersburg PA
CBHW031411160426
43196CB00007B/975

* 9 7 8 3 7 4 3 3 6 5 8 6 5 *